INTRODUÇÃO AO CONTROLE BIBLIOGRÁFICO

Coleção Ciência da Informação

Bernadete Santos Campello

INTRODUÇÃO AO CONTROLE BIBLIOGRÁFICO

autêntica

Copyright © Bernadete Santos Campello
Copyright desta edição © 2019 Autêntica Editora

Todos os direitos reservados pela Autêntica Editora. Nenhuma parte desta publicação poderá ser reproduzida, seja por meios mecânicos, eletrônicos, seja via cópia xerográfica, sem a autorização prévia da Editora.

EDITORAS RESPONSÁVEIS
Rejane Dias
Cecília Martins

CAPA
Guilherme Fagundes
(Sobre foto de chuttersnap [Unsplash])

REVISÃO
Júlia Sousa

DIAGRAMAÇÃO
Waldênia Alvarenga

Dados Internacionais de Catalogação na Publicação (CIP)
(Câmara Brasileira do Livro, SP, Brasil)

Campello, Bernadete Santos
   Introdução ao Controle Bibliográfico / Bernadete Santos Campello. -- 3. ed. -- Belo Horizonte : Autêntica Editora, 2019. -- (Coleção Ciência da Informação)

   Bibliografia.
   ISBN 978-85-513-0633-8

   1. Bibliografia - Metodologia 2. Biblioteconomia 3. Controle bibliográfico I. Título. II. Série.

19-27200   CDD-025.31

Índices para catálogo sistemático:
1. Controle bibliográfico : Biblioteconomia 025.3

Iolanda Rodrigues Biode - Bibliotecária - CRB-8/10014

Belo Horizonte
Rua Carlos Turner, 420
Silveira . 31140-520
Belo Horizonte . MG
Tel.: (55 31) 3465 4500

www.grupoautentica.com.br

São Paulo
Av. Paulista, 2.073 . Conjunto Nacional . Horsa I
23º andar . Conj. 2310-2312 . Cerqueira César
01311-940 . São Paulo . SP
Tel.: (55 11) 3034 4468

Siglas

AACR2	Anglo-American Cataloguing Rules
ABN	Agência Bibliográfica Nacional
ABNT	Associação Brasileira de Normas Técnicas
ALA	American Library Association
APB	Associação Paulista de Bibliotecários
CALCO	Catalogação Legível por Computador
CBL	Câmara Brasileira do Livro
CBU	Controle Bibliográfico Universal
CCAA2	Código de Catalogação Anglo-Americano
CCN	Catálogo Coletivo Nacional de Publicações Seriadas
CDD	Classificação Decimal de Dewey
CDNL	Conference of Directors of National Libraries
CDU	Classificação Decimal Universal
CIP	Cataloging-In-Publication
DASP	Departamento Administrativo do Serviço Público
DOI	Digital Object Identifier
EAN	European Article Numbering
Embrapa	Empresa Brasileira de Pesquisa Agropecuária
FEBAB	Federação Brasileira de Associações de Bibliotecários, Cientistas da Informação e Instituições
FGV	Fundação Getúlio Vargas
FID	Federação Internacional de Informação e Documentação

FRBR	Funcional Requirements for Bibliographic Records
IBBD	Instituto Brasileiro de Bibliografia e Documentação
IBGE	Instituto Brasileiro de Geografia e Estatística
IBICT	Instituto Brasileiro de Informação em Ciência e Tecnologia
ICA	International Council on Archives
ICABS	IFLA-CDNL Alliance for Bibliographic Standards
ICSU	Conselho Internacional de Uniões Científicas
IFLA	The International Federation of Library Associations and Institutions
IFPI	International Federation of the Phonographic Industry
INL	Instituto Nacional do Livro
IPA	International Publishers Association
ISAN	International Standard Audiovisual Number
ISBD	International Standard Bibliographic Description
ISBN	International Standard Book Number
ISDS	International Serials Data System
ISMN	International Standard Music Number
ISO	International Organization for Standardization
ISRC	International Standard Recording Code
ISSN	International Standard Serial Number
MARC	Machine Readable Cataloguing
NATIS	National Documentation, Library and Archives Infrastructures

NBR	Normas Brasileiras
OCLC	Online Computer Library Center
PDF	(Adobe) Portable Document Format
PGI	General Information Programme
PNBU	Plano Nacional de Bibliotecas Universitárias
PROBIB	Programa Nacional de Bibliotecas de Instituições de Ensino Superior
RECON	Retrospective Conversion
RFC	Request for Comments
RLIN	Research Libraries Information Network
SIC	Serviço de Intercâmbio de Catalogação
SICI	Serial Item and Contribution Identifier
SNEL	Sindicato Nacional de Editores de Livros
UBC	Universal Bibliographic Control
UBCIM	Universal Bibliographic Control and International MARC
UCC	Uniform Code Council
UNESCO	Organização das Nações Unidas para a Educação, Ciência e Cultura
UNIMARC	Universal MARC Format
UNISIST	United Nations Information System in Science and Technology
URI	Uniform Resource Identifier
URL	Uniform Resource Locator
UTLAS	University of Toronto Library Automation System
VIAF	Virtual International Authority File

Sumário

- 11   Apresentação da edição digital
- 13   Apresentação
- 15   Introdução
- 21   A função da memória: preservar para acessar
- 27   Controle bibliográfico universal
- 41   Biblioteca nacional
- 55   Depósito legal
- 69   Bibliografia nacional
- 87   Padronização da descrição bibliográfica
- 101   Catalogação cooperativa, catalogação na fonte e catalogação na publicação
- 113   Sistemas de identificação numérica de documentos
- 133   Bibliografia atualizada
- 139   Índice
- 143   Sobre a autora

Apresentação da edição digital

ESTA EDIÇÃO DIGITAL de *Introdução ao controle bibliográfico* corresponde à segunda edição publicada pela editora Briquet de Lemos Livros, em 2006. Entendemos que o texto continua útil e atende ao objetivo originalmente proposto, que é o de descrever o conceito de controle bibliográfico universal, os instrumentos criados para sua realização, e a maneira como, no Brasil, foram implementados.

Em 2006, as mudanças no universo informacional trazidas pela internet já eram compreendidas pela comunidade biblioteconômica e havia clareza com relação ao que era necessário fazer para assegurar a manutenção do ideal de controle bibliográfico.

Para permitir a atualização do texto, optamos por incluir, ao final, uma bibliografia atualizada, que permitirá complementar as descrições apresentadas em cada capítulo do livro. Estas referências revelam como os instrumentos de controle bibliográfico estão sendo modificados e aperfeiçoados para garantir o acesso amplo e democrático à informação.

Agradecemos a Briquet de Lemos Livros, editora responsável pelas duas edições anteriores, que cedeu os direitos de publicação que possibilitaram esta edição digital.

Bernadete Campello
Junho de 2019

Apresentação

ESTE LIVRO DESCREVE os instrumentos de controle bibliográfico propostos por organizações internacionais que têm sido utilizados por diversos países nos últimos 25 anos, com ênfase na maneira como o Brasil vem aplicando esses instrumentos. Cada capítulo descreve a origem, o desenvolvimento e as características de determinado instrumento de controle bibliográfico, encerrando com a descrição de como tem sido empregado no Brasil. Com isso, visualiza-se, de forma ampla, a trajetória da Biblioteconomia na busca de uma organização bibliográfica que permita concretizar o ideal da eficácia no acesso à informação.

Esta segunda edição de *Introdução ao controle bibliográfico* vem com algumas modificações. Dois capítulos constantes na primeira edição (Disponibilidade de Publicações e Controle Bibliográfico Especializado) não mais aparecem, e o capítulo sobre Agência Bibliográfica Nacional foi incorporado ao de Biblioteca Nacional. Um capítulo sobre o conceito de preservação da memória foi incluído, motivado pela necessidade que sentimos de proporcionar embasamento conceitual que oriente o estudo dos diversos instrumentos de controle bibliográfico, de forma que eles não sejam trabalhados apenas em uma perspectiva operacional. As modificações efetuadas visaram permitir o foco em instrumentos de controle bibliográfico que, embora tenham sido inventados há muito tempo no âmbito da Biblioteconomia, continuam pertinentes no universo informacional da atualidade.

Espera-se que este texto constitua apenas um referencial que fundamente outras pesquisas mais abrangentes a serem efetuadas no âmbito das disciplinas em que for utilizado. Assim, a ideia é que o livro sirva como ponto de partida para estudos que levem a discussões e interpretações mais aprofundadas. A partir das informações aqui reunidas, os alunos poderão explorar e aprofundar ideias que lhes possibilitem refletir criticamente sobre questões pertinentes ao controle bibliográfico.

Agradeço a Maria Helena de Andrade Magalhães, coautora da primeira edição e que, embora não mais participando deste trabalho, teve contribuição importante, e a Isis Paim, que, acompanhando há muito tempo minha trajetória profissional, colaborou com várias ideias para este livro e tem sido uma força para o meu aperfeiçoamento.

Introdução

É SIGNIFICATIVA A contribuição da Biblioteconomia para o acesso amplo e democrático à informação. Na perspectiva mundial, essa contribuição é representada por mecanismos que, adotados por diversos países, permitem o intercâmbio entre sistemas de informação do mundo inteiro e facilitam o acesso de qualquer cidadão ao conjunto da produção bibliográfica universal. Os requisitos para o acesso à informação são sua organização e seu controle, no sentido de que a produção bibliográfica deve estar devidamente estruturada em sistemas de informação coerentes que permitam a identificação e a localização dos itens desejados. Os mecanismos, ou instrumentos de organização e controle bibliográfico, desenvolvidos no âmbito da Biblioteconomia constituem basicamente as bibliografias nacionais e catálogos das grandes bibliotecas que, através de seus registros catalográficos padronizados, possibilitam o acesso às publicações.

Nesse sentido, é importante observar que a contribuição da Biblioteconomia começa muito antes até da invenção da imprensa e pode ser percebida na organização de bibliotecas na Antiguidade, com o exemplo do trabalho de Calímaco (310 a.c. – 235 a.c.), poeta responsável pela biblioteca de Alexandria[1] que compilou o *Pinakes*,[2] um dos primeiros instrumentos de organização bibliográfica conhecidos, iniciando a tradição catalográfica que continuou na Idade Média e prossegue até o presente. (ver cap. Padronização da descrição bibliográfica)

A partir da década de 1970, o esforço da Biblioteconomia em direção ao aperfeiçoamento do acesso à produção bibliográfica mundial é representado pelo desenvolvimento das redes de informação, resultantes da aplicação da informática aos processos de organização bibliográfica. A conversão retrospectiva[3] que ocorreu em larga escala a partir dos anos de 1980, aliada ao aparecimento de sistemas de catalogação cooperativa, permitiu a disponibilização universal dos catálogos das bibliotecas e possibilitou o ideal, sempre presente na Biblioteconomia, de ampliar mundialmente o acesso à informação, permitindo a cada cidadão encontrar a publicação de que necessita.

---

[1] Estima-se que a biblioteca de Alexandria tenha colecionado mais de 400.000 rolos de papiro, podendo ter chegado a 700.000. Foi parcialmente destruída inúmeras vezes, até que em 646 d.c. foi queimada completamente pelos árabes.

[2] Os fragmentos que restaram do *Pinakes* mostram que ele era dividido pelos seguintes assuntos: retórica, direito, literatura épica, tragédia, comédia, poesia, medicina, matemática, ciências naturais e miscelânea. Em cada uma dessas divisões, os autores eram arranjados em ordem alfabética e cada um era seguido por uma breve nota biográfica e uma análise crítica do seu trabalho. O *Pinakes* foi muito importante para apoiar o trabalho dos intelectuais da época e se tornou um modelo para catálogos elaborados posteriormente.

[3] Conversão retrospectiva, também designada pela sigla RECON (Retrospective Conversion), consiste na atividade de converter registros bibliográficos a partir de fichas, ou de qualquer outro suporte, para registros em meios eletrônicos legíveis por computador.

Surge, nessa época, o conceito de Controle Bibliográfico Universal (CBU), formalizado com a criação, em 1974, do International Office for UBC da Federação Internacional de Associações e Instituições Bibliotecárias (IFLA), que teve origem na Reunião Internacional de Especialistas em Catalogação, ocorrida em 1969. Nessa reunião, um documento preparado por Suzanne Honoré, da biblioteca nacional de Paris, definiu as bases para um sistema de troca internacional de informação que, através de agências nacionais, distribuiria os registros bibliográficos padronizados de todas as publicações. A eficiência do sistema seria, portanto, dependente da máxima padronização da forma e do conteúdo da descrição bibliográfica.

A ideia do CBU constituiu a base do modelo de organização bibliográfica que predominou a partir da década de 1970 e que foi sistematizado em congresso organizado pela UNESCO em colaboração com a IFLA. Realizado em 1977, em Paris, o International Congress on National Bibliographies constituiu a oportunidade para se discutirem em profundidade diversas questões relativas ao controle bibliográfico, com enfoque na bibliografia nacional, considerada o instrumento-chave para o controle. Os resultados das discussões, que se embasaram em documentos previamente preparados por especialistas, foram reunidos na publicação *The National Bibliography: Present Role and Future Developments,* que incorpora as recomendações feitas ao final do encontro, representando o modelo de controle bibliográfico proposto pelas duas instituições: UNESCO e IFLA. Muitos países assimilaram esse modelo, abraçando o ideal do CBU e estruturando seus sistemas bibliográficos segundo as recomendações emanadas daquele encontro.

Entretanto, as mudanças no universo bibliográfico, ocorridas a partir da segunda metade da década de 1990, vêm forçando a revisão desse modelo, e a comunidade bibliotecária começa a questionar a estrutura vigente e a buscar novos caminhos para continuar a prover com eficiência o acesso à informação, atendendo às necessidades informacionais da sociedade como um todo.

Este livro pretende realizar uma descrição dos instrumentos de controle bibliográfico propostos por organizações internacionais, que têm sido utilizados por diversos países nos últimos 25 anos, enfatizando a maneira como o Brasil vem aplicando esses instrumentos. Com isso, visualiza-se, de forma ampla, a trajetória da Biblioteconomia na busca de uma organização bibliográfica que tem constantemente perseguido o ideal da eficácia no acesso à informação.

Este texto foi elaborado tendo em vista, em princípio, a disciplina Organização e Controle Bibliográfico da Informação, ministrada na Escola de Ciência da Informação da Universidade Federal de Minas Gerais. O objetivo foi reunir informações básicas que permitam aos alunos conhecer os principais conceitos que integram a noção de controle bibliográfico.

O texto foi elaborado tendo em vista, em princípio, a disciplina Organização e Controle Bibliográfico da Informação, ministrada na Escola de Ciência da Informação da Universidade Federal de Minas Gerais. O objetivo foi reunir informações básicas que permitam aos alunos conhecer os principais conceitos que integram a noção de controle bibliográfico. Espera-se que o texto constitua apenas um referencial que fundamente outras pesquisas mais abrangentes a serem efetuadas no âmbito das disciplinas em que ele for utilizado. Assim, a ideia é que o livro sirva como ponto de partida para estudos que levem a discussões e interpretações mais aprofundadas sobre o tema. Cada capítulo descreve a origem, o desenvolvimento e as características de determinado mecanismo de controle bibliográfico, encerrando com a descrição de como o mecanismo tem sido aplicado no Brasil. Espera-se que, a partir dessas informações, os alunos explorem e aprofundem ideias que os possibilitem a refletir criticamente sobre questões do controle bibliográfico.

Referências

INTERNATIONAL CONGRESS ON NATIONAL BIBLIOGRAPHIES. *The national bibliography: present role and future developments*. Paris: UNESCO/IFLA, 1997.

LAW, D. Access to the world's literature: the global strategy. *Library Review*, v. 47, n. 5/6, p. 296-300, 1998.

ANDERSON, D. IFLA's programme of universal bibliographic control: origins and early years. *International Cataloguing and Bibliographic Control*, v. 29, n. 2, p. 23-26, 2000.

HONORÉ, S. Report of the IMCE. *Libri*, v. 20 n. 1, p. 115-116, 1970.

A função da memória: preservar para acessar

AS PESSOAS QUEREM ter acesso à informação por vários motivos, e a função dos bibliotecários é possibilitar esse acesso. Eles são mediadores entre os usuários e os registros do conhecimento e, através de seu trabalho, buscam proporcionar ao maior número de pessoas o acesso à informação da forma mais eficaz. Para ser "acessada", a informação precisa estar organizada, isto é, posta de forma a poder ser recuperada (bibliográfica e fisicamente) e, ao mesmo tempo, precisa ser preservada, isto é, conservada e mantida para que possa ser continuamente utilizada.

Assim, os bibliotecários se tornam responsáveis pela preservação de um patrimônio documental amplo e variado. Esse tem sido papel desempenhado por esses profissionais há milênios, desde a época em que os registros documentais constituíam objetos raros e valiosos. Mesmo atualmente, quando a situação é bastante diferente, a preocupação com a preservação persiste, envolvendo aspectos complexos dos quais um dos mais importantes refere-se a "o que preservar?" Mas, antes de definir "o que preservar", é necessário entender "por que preservar?" E se os bibliotecários quiserem atender à legítima vontade dos usuários de ter acesso a informações e aos documentos de todas as épocas, inclusive as passadas, é preciso compreender esse processo.

Identidade coletiva

A noção de identidade coletiva e o desejo de dar continuidade a ela parecem ser os principais pontos em que se apoia o conceito de preservação da memória. A memória, seja de uma nação, seja de uma pequena comunidade, contribui para a constituição de sua identidade cultural e testemunha um passado que representa uma etapa da sua vida social. A perpetuação dessa etapa possibilitará mudanças, permitindo a evolução cultural contínua daquela nação ou comunidade.

A busca e a manutenção dessa identidade parecem ter começado quando as sociedades primitivas se preocuparam em preservar, por meio de ritos e comemorações, seus mitos de origem, sua sacralidade. Os depositários dessa memória, que era principalmente oral, eram os sacerdotes, pagés e xamãs que detinham, em razão de seu papel, grande prestígio e poder.

Posteriormente, as sociedades tentaram garantir sua continuidade por meio de marcas das posições e relações de indivíduos que ocuparam um lugar de destaque ou dominação. Essas marcas são os monumentos comemorativos e as genealogias, por exemplo.

A conservação da memória supre, portanto, a necessidade de tradição, de meios de transmissão de modelos que irão garantir a continuidade da sociedade, afastando o medo da perda de memória, medo de amnésia coletiva...

Poder

Outro aspecto que pode explicar o desejo que as sociedades demonstram de preservar sua memória é a questão do poder, da necessidade que os diversos grupos sociais têm de obter a coesão social que permitirá o alcance de seus objetivos e a manutenção de seus interesses. Apoderar-se da memória (ou do esquecimento) tem sido uma preocupação de indivíduos, grupos ou classes dominantes. Não é coincidência o fato de que várias bibliotecas nacionais tenham se originado de coleções reais, acervos riquíssimos, reunidos por monarcas e governantes, que se empenharam em colecionar documentos com base em sua autoridade real.

Assim, a memória coletiva transforma-se em patrimônio cultural. Esse patrimônio não constitui necessariamente o que quer que tenha existido no passado, mas representa a escolha feita pelos grupos dominantes e as coleções preservadas refletem o processo de manipulação da memória coletiva. Consequentemente, o patrimônio cultural pode servir para produzir diferenças entre os grupos sociais, considerando-se que os grupos hegemônicos detêm o poder de definir que bens devem ser preservados e quais os que podem ser esquecidos. Percebe-se que existe disputa constante pela dominação da memória e da tradição e, assim, o campo da preservação do patrimônio cultural constitui espaço conflituoso.

Educação e transmissão de conhecimento

Educação e transmissão de conhecimento são também questões que explicam o interesse das sociedades pela preservação da memória coletiva. Desde o surgimento da educação formal, foi necessário preservar os textos que embasavam o ensino: as escrituras, os textos sagrados e filosóficos (o conhecimento sagrado e o profano), e durante muito tempo, o ensino se baseou na memorização desses textos, tendo sido os alunos obrigados a decorá-los e recitá-los de cor. Os atuais métodos pedagógicos, baseados não mais na memorização, mas no pressuposto de que o aluno construa seu próprio conhecimento, têm levado os educadores a propor estratégias de aprendizagem que exigem o contato do estudante com variados estoques de informação. Assim, os estudantes deixam a sala de aula e se tornam cada vez mais presentes em museus, arquivos, bibliotecas, centros culturais e de documentação, garantindo a manutenção dessas instituições.

Formas de preservação da memória

Nas sociedades que utilizam tecnologia, seja a linguagem escrita ou a informática, as formas de preservação da memória variam em função da diversidade dos grupos envolvidos, dos diferentes usos que fazem da memória e, finalmente, do valor social conferido àquela atividade em particular.

Os interesses de preservação dos arquivistas, por exemplo, estão ligados à função do arquivo como auxiliar da história, e a existência de arquivos, tanto no âmbito do poder público (em que os documentos desempenham função comprobatória, além de histórica), quanto no privado, atesta o valor atribuído à preservação de documentos arquivísticos.

Pesquisadores e cientistas são outro grupo para o qual a preservação da memória constitui um valor, que é inerente à sua prática. A produção do conhecimento científico, desde os primórdios da ciência experimental até a atualidade, apoia-se na literatura científica que representa o conhecimento científico consolidado. Para fazer avançar a ciência, os pesquisadores necessitam ter acesso constante à literatura, ao conhecimento registrado e, a partir das ideias contidas nesses registros, aumentam, aprimoram, reveem ou corrigem os resultados alcançados. Assim, a continuidade proporcionada pela memória científica é fundamental para o avanço da ciência. As grandes bibliotecas de pesquisa, mantidas por universidades e instituições profissionais, atestam o valor dado a essa memória.

Portanto, os diversos usos que os grupos sociais fazem do patrimônio cultural, bem como os diferentes níveis de capacidade desses grupos para apropriar-se do conhecimento proporcionado por instituições que preservam esse patrimônio indicam que a questão é complexa e apontam para uma diversidade de ações a serem empreendidas.

O discurso sobre a preservação do patrimônio apresenta nuances que contemplam inúmeras possibilidades e, portanto, em primeiro lugar, é necessário compreender a retórica, o que encerra esse discurso, especialmente se os autores são políticos que pretendem apoiar projetos públicos de preservação cultural.

Vimos que a questão do patrimônio constitui campo conflituoso. As diversas disciplinas envolvidas nesse campo devem considerar os conflitos e a multiplicidade de usos que se faz do patrimônio cultural. Assim, estarão aptas a desenvolver ações que contemplem os múltiplos modos de abordar o artefato cultural e a construírem novos patrimônios e novas possibilidades de acesso e de apropriação dos saberes culturais, que atinjam os mais diversos grupos sociais. A Biblioteconomia, especificamente, vem dando sua contribuição para a organização da informação e o conceito de CBU, desenvolvido no âmbito dessa disciplina, incorpora a ideia de preservar o patrimônio cultural, a fim de proporcionar a todos os cidadãos o acesso democrático ao conhecimento.

Referências

MUELLER, S. P. M. O crescimento da ciência, o comportamento científico e a comunicação científica: algumas reflexões. *Revista da*

Escola de Biblioteconomia da UFMG, Belo Horizonte, v. 24, n. 1, p. 63-84, 1995.

BRAULT, J-R. A biblioteca nacional do futuro: algumas reflexões impertinentes. *Perspectivas em Ciência da Informação*, Belo Horizonte, v. 3, n. 1, p. 61-66, 1998.

CHAGAS, M. Cultura, patrimônio e memória. In: INTEGRAR: CONGRESSO INTERNACIONAL DE ARQUIVOS, BIBLIOTECAS, CENTROS DE DOCUMENTAÇÃO E MUSEUS, 1., São Paulo. *Anais.* São Paulo, FEBAB, 2002. p. 135-150.

CANCLINI, N. G. O patrimônio cultural e a construção imaginária do nacional. *Revista do Patrimônio Histórico e Artístico Nacional*, n. 23, p. 94-115, 1994.

VIANNA, A.; LISSOVSKY, M.; SÁ, P. S. M. A vontade de guardar: lógica da acumulação em arquivos privados. *Arquivo & Administração*, Rio de Janeiro, v. 10/14, n. 2, p. 62-76, 1986.

LE GOFF, J. Memória. In: ENCICLOPÉDIA Enaudi. Lisboa: Imprensa Nacional, Casa da Moeda, 1984. v. 1, p. 11-50.

SHERA, J. The foundations of education for librarianship. New York: Becker & Hayes, 1972.

Controle bibliográfico universal

O IDEAL DO controle bibliográfico universal, embora o termo só tenha sido usado formalmente a partir de 1974, não é novo na Biblioteconomia e tem permeado, desde a Antiguidade, o trabalho de indivíduos que buscavam organizar o conhecimento.

Até a invenção da imprensa, período em que a produção de livros era limitada, o controle constituía atividade relativamente simples e as bibliotecas tinham condições de reunir coleções praticamente completas, como foi o caso da famosa biblioteca de Alexandria, fundada por Ptolomeu I (367/366 ou 364-283/282 a.c.), cujo objetivo era adquirir livros do mundo inteiro. Assim, as bibliotecas foram as primeiras instituições a se preocupar com o controle bibliográfico e durante algum tempo seus catálogos constituíram os únicos instrumentos para esse fim.

Com o aumento da produção de livros, surgiram as bibliografias,[4] elaboradas por indivíduos interessados na

---

[4] Embora elaboradas, na maioria dos casos dentro de grandes bibliotecas, as bibliografias, diferentemente dos catálogos que representavam o acervo das bibliotecas, pretendiam ultrapassar esse papel,

organização do conhecimento e por instituições voltadas para determinados ramos do saber, como as sociedades científicas ou associações profissionais.

Naquela época, o homem podia sonhar em produzir bibliografias universais que registrassem a totalidade dos documentos publicados no mundo, em todos os domínios do saber. Foi o caso de Conrad Gesner (1516-1565), zoólogo e bibliógrafo suíço que publicou, em 1545, quando ainda não havia decorrido um século da invenção da imprensa, a *Bibliotheca Universalis*, marco da história da bibliografia e do controle bibliográfico, que arrolava obras publicadas em latim, grego e hebraico. Apesar de ser uma bibliografia geral, por abranger todos os ramos do conhecimento e de pretender ser universal, não chegou a tanto, pois os quinze mil títulos de cerca de três mil autores que arrolou, se considerar-se também o apêndice de 1555, correspondem, segundo se supõe, a mais ou menos uma quinta parte da produção bibliográfica europeia de até então. Como se pode observar, o empreendimento bibliográfico exaustivo já era uma tarefa árdua mesmo na época em que o número de livros publicados era pequeno.

Outras tentativas de produzir bibliografias universais foram feitas no século XVIII pelo inglês Michael Maittaire (1668-1747) e pelo alemão Johann Gottlieb Georgi (1729-1802) e, no século XIX, pelo francês Jacques-Charles Brunet (1780-1867), cuja obra *Manuel du Libraire et de l'Amateur dês Livres*, publicada inicialmente em 1803, foi suplementada por Johann Georg Theodor Graesse (1814-1885) com o *Tresor de Livres Rares et Precieux ou Nouveau Dictionnaire Bibliographique*. Todos se limitaram a incluir em suas obras livros publicados na Europa Ocidental.

---

incluindo a produção editorial do mundo, ou de um país ou de determinada área do conhecimento.

Houve também trabalhos especializados, como o *International Catalogue of Scientific Literature*, iniciado em 1901 pela Royal Society (instituição que congregava os cientistas britânicos na época), com a pretensão de arrolar a literatura científica em geral; entretanto a Royal Society suspendeu sua publicação em 1914, devido aos conflitos que antecederam a Primeira Guerra Mundial. O projeto mais ambicioso foi, provavelmente, o estabelecimento do Instituto Internacional de Bibliografia em Bruxelas, pelos advogados belgas Paul Otlet (1868-1944) e Henri La Fontaine (1854-1943) com o objetivo de reunir toda a produção bibliográfica mundial, na forma de catálogo em fichas que indicaria também a localização das obras. Esse catálogo, conhecido como *Repertoire Bibliographique Universel*, chegou a acumular cerca de 20 milhões de fichas até o final da década de 1930, representando acervos de bibliotecas europeias e americanas, mas foi interrompido devido a dificuldades financeiras. O instituto, no entanto, manteve outras atividades no campo da documentação, transformando-se na Federação Internacional de Informação e Documentação (FID).

Essas primeiras tentativas de controle bibliográfico formavam um conjunto desestruturado de iniciativas individuais e trabalho voluntário, carecendo de planejamento que levasse em conta as necessidades dos usuários e os recursos necessários.

Ao longo do tempo, aumentou a complexidade do ambiente informacional, fator que afeta diretamente o controle bibliográfico. Essa complexidade envolveu não só o crescimento do volume de publicações, mas também o aparecimento de grande variedade de tipos de publicações. Até o século XVII, o conhecimento registrado era disseminado somente na forma de livros. A partir daí, com o crescimento da ciência experimental, foi criado novo meio para a disseminação do conhecimento: o periódico científico. O *Journal des Sçavans* (mais tarde *Journal des Savants*, quando passou a ter caráter literário) é geralmente citado como o primeiro periódico científico. Seu primeiro fascículo foi publicado em janeiro de 1665. Poucos meses depois, surgiu o periódico *Philosophical Transactions*, da Royal Society, que é publicado até hoje. Desde então, o número de periódicos tem crescido ininterruptamente, como pode ser observado pela quantidade de códigos ISSN[5] (mais de um milhão) atribuídos pelas agências nacionais desde a criação do sistema na década de 1970.

Depois do periódico, surgiram outros tipos de publicação: relatórios técnicos, anais de eventos, documentos governamentais, variadas formas de materiais não bibliográficos e eletrônicos e, mais recentemente, as publicações *online*. Essa diversidade de formas de registros fez emergir novas questões e tornou mais complexo o controle da produção intelectual.

A consequência natural foi a institucionalização do controle bibliográfico. Assim, a partir da década de 1970, algumas organizações internacionais começaram a desenvolver programas que visavam à consecução do controle bibliográfico no nível nacional, isto é, de cada país que desejasse aprimorar suas atividades de organização bibliográfica. O National Documentation, Library and Archives Infrastructures (NATIS), projeto elaborado pela UNESCO, foi um desses programas, que procurou desenvolver infraestruturas para bibliotecas, arquivos e serviços de documentação, envolvendo, portanto, diferentes tipos de unidades de informação que

---

[5] ISSN – International Standard Serial Number (ver cap. Identificação Numérica de Documentos

formariam uma estrutura para apoiar os planos de desenvolvimento dos países. Em 1977, o NATIS, fundiu-se com o UNISIST,[6] resultando no General Information Programme (PGI) de responsabilidade da UNESCO, que focalizava, através de diversos projetos, questões voltadas para o acesso à informação, treinamento de profissionais da informação e aspectos éticos da informação.

Em 1977, a UNESCO, juntamente com a IFLA, propôs diretrizes específicas para o programa então denominado Controle Bibliográfico Universal (CBU), cujo objetivo era reunir e tornar disponíveis os registros da produção bibliográfica de todos os países, concretizando assim o ideal do acesso de todos os cidadãos ao conjunto do conhecimento universal.

No congresso promovido pelas duas instituições, o International Congress on National Bibliographies, realizado em 1977, em Paris, definiu-se uma série de recomendações, reunidas no documento *The National Bibliography: Present Role and Future Developments*. Essas recomendações consolidavam o modelo de controle bibliográfico atualmente existente na maioria dos países. O modelo se apoiava em um conjunto de mecanismos ou instrumentos que, postos em prática pelos países, resultariam na organização bibliográfica nacional que constituiria a base para sustentação do CBU. Assim, cada país seria responsável pela descrição bibliográfica padronizada e pela divulgação, por meio da bibliografia nacional, das publicações dele originadas.

---

[6] O UNISIST foi um programa da Unesco, iniciado em 1972, cujo objetivo era a coordenação de ações de cooperação no campo da informação científica e tecnológica, com a finalidade de estabelecer uma rede flexível de sistemas e serviços de informação, baseada em cooperação voluntária, visando à livre circulação da informação em C&T.

Ao estabelecer esse programa, UNESCO e IFLA previam que seria um projeto de longo prazo, no qual cada país buscasse progressivamente fazer uso das novas tecnologias de informação para aperfeiçoar o controle bibliográfico no seu âmbito de ação. Sendo diferentes os estágios de desenvolvimento de cada país também seriam diferentes os patamares de organização bibliográfica e de contribuição de cada um, embora isso não significasse diferenças na qualidade dos registros bibliográficos. Assim, as diretrizes propostas no congresso de 1977 constituíram parâmetros que os países deveriam tentar alcançar num determinado prazo.

Periodicamente, novos encontros vêm permitindo o aperfeiçoamento das recomendações. O Seminário sobre controle bibliográfico universal, realizado em 1992, no Rio de Janeiro, reforçou a importância para o sucesso do controle bibliográfico nacional, dos elos cooperativos entre bibliotecas, Agência Bibliográfica Nacional (ABN)[7] e indústria e comércio livreiros.

A Conferência Internacional sobre Serviços Bibliográficos Nacionais, que ocorreu em Copenhagen, em 1998, teve como objetivo avaliar e atualizar as recomendações do Congresso Internacional sobre Bibliografias Nacionais de 1977, à luz dos desenvolvimentos ocorridos nos 21 anos que separaram os dois eventos. Entretanto, devido provavelmente aos inúmeros fatores que atualmente afetam o panorama informacional, especialmente aqueles relacionados com a publicação *online*, a Conferência se limitou a reforçar as recomendações de 1977, acrescentando poucos

---

[7] Agência Bibliográfica Nacional (ABN) é, na concepção do modelo proposto pela UNESCO, a organização ou setor responsável pelo controle bibliográfico no nível nacional (ver cap. Biblioteca Nacional).

elementos novos e mantendo o modelo proposto naquela época.

Em 1990, o programa CBU, já então sob a responsabilidade da IFLA, fundiu-se com o projeto International Machine Readable Cataloguing (MARC), tomando o nome de Universal Bibliographic Control and International MARC (UBCIM) e refletindo a importância fundamental da padronização da descrição bibliográfica para os objetivos do CBU. Em 2003, este programa foi substituído pelo IFLA-CDNL[8] Alliance for Bibliographic Standards (ICABS). Seis bibliotecas nacionais formam atualmente a aliança, cujos objetivos são a coordenação e o fomento de atividades nas áreas de controle bibliográfico de todos os tipos de recursos e formatos relacionados e de protocolos padronizados. Constitui uma ação estratégica que busca, de maneira prática, estabelecer e coordenar atividades nessas áreas. Os objetivos específicos são:

1. coordenar atividades voltadas para o desenvolvimento de normas e de práticas de controle bibliográfico e de recursos, incluindo metadados, identificadores persistentes e normas de interoperabilidade;
2. apoiar a troca internacional de recursos bibliográficos, promovendo, desenvolvendo e testando a manutenção de metadados e de formatos padronizados;
3. assegurar a promoção de novos padrões;
4. funcionar como *clearinghouse* para informações sobre todas as ações da IFLA nessa área;
5. organizar seminários e *workshops*;
6. aperfeiçoar a comunicação dentro da comunidade.

---

[8] CDNL – Conference of Directors of National Libraries

As metas para se alcançarem esses objetivos são:
- manter, promover e harmonizar normas existentes e conceitos relacionados com controle bibliográfico e controle de recursos;
- desenvolver estratégias para controle bibliográfico e controle de recursos e assegurar a promoção de convenções novas e recomendadas;
- aumentar a compreensão de questões relacionadas ao arquivamento de longo prazo de recursos eletrônicos.

Nesse sentido a IFLA se propõe manter e desenvolver estudos ligados aos seguintes projetos: International Standard Bibliographic Description (ISBD), Functional Requirements for Bibliographic Records (FRBR), Universal MARC Format (UNIMARC), MARC 21 Concise Formats, Z39.50 e Z39.50 International (referentes à norma ISO 23950 Information Retrieval: Application Service Definition and Protocol Specification), Virtual International Authority File (VIAF), além de vários esquemas de identificadores persistentes. Essas atividades são desenvolvidas de forma cooperativa com diversas instituições, tais como CDNL, UNESCO, International Organization for Standardization (ISO), International Council on Archives (ICA), Online Computer Library Center (OCLC) e outras organizações de normalização na área de controle bibliográfico.

Paralelamente aos seus programas voltados para questões específicas de controle bibliográfico, como os mencionados acima, a IFLA se preocupa com questões mais amplas de preservação da, e de acesso, à informação. Em colaboração com a International Publishers Association (IPA), a IFLA gerou o documento *Preserving the Memory of the World in Perpetuity: a joint statement on the archiving and preserving of digital information*. Nesse documento as duas instituições estabelecem princípios para um trabalho conjunto, no sentido de preservar documentos digitais. Declaram inicialmente a importância desses materiais e a necessidade de garantir sua disponibilidade a longo prazo. IFLA e IPA se dispõem a trabalhar conjuntamente no desenvolvimento de normas e sistemas que possibilitem o arquivamento e a preservação da memória digital do mundo. Nessa declaração conjunta, reconhecem que as bibliotecas são as instituições adequadas para se responsabilizar por essas tarefas, devendo as bibliotecas nacionais, em colaboração com outras instituições interessadas, assumir a função de colecionar e preservar para as gerações futuras a memória digital.

Essa preocupação também é demonstrada pela UNESCO que coordena o projeto Memory of the World, criado em 1992, a partir da constatação de que muitos acervos documentais que representam a memória cultural da humanidade encontram-se em situação precária, tanto no que diz respeito à sua preservação como ao acesso a eles. Assim, o programa pretende:

1. facilitar a preservação da memória documental da humanidade, através do uso de técnicas apropriadas;
2. colaborar no acesso à herança documental, através do uso de técnicas de digitalização;
3. aumentar a consciência global sobre a existência e a importância dos acervos documentais.

Também a FID, desde sua criação em 1895, desenvolveu diversas ações ligadas ao CBU, sendo a última delas a Global Information Alliance, acordo informal firmado em 1995, a partir de uma resolução (a chamada *Tokyo Resolution on Strategic Alliance of International Non-Governmental Organizations in Information to serve better the World Community)* assinada por várias organizações internacionais não governamentais. Um dos itens aprovados pela resolução foi que "todas as pessoas devem ter acesso total e irrestrito à informação, de acordo com a proteção de direitos individuais, de incentivos econômicos apropriados e com as preocupações dos povos e das nações segundo suas circunstâncias peculiares". Assim, os objetivos da Global Information Alliance diziam respeito a aspectos tais como, monitoração de tendências na sociedade da informação, ética profissional e aspectos sociais da informação digital, serviços de informação para pequenas e médias empresas, liberdade de expressão de acesso à informação, direitos autorais e formação de profissionais da informação, representando pontos importantes para se atingir o CBU. A FID encerrou suas atividades em meados da década de 1990, tendo completado um século de vida apoiando e desenvolvendo ações que tiveram grande influência no panorama da organização bibliográfica mundial.

Projetos de digitalização com vistas a permitir o acesso direto a milhões de livros via internet também começam a surgir. É o caso do projeto The Universal Library, da Carnegie Mellon University (EUA), que pretende digitalizar, na primeira fase, um milhão de livros, chegando a 10 milhões no prazo de dez anos. É um projeto seletivo, que pode ser enquadrado no conceito de controle bibliográfico, dada a sua perspectiva de acesso amplo a uma quantidade de livros que a maioria das bibliotecas não abrigam.

Percebe-se, portanto, que o ideal do controle bibliográfico permanece e diversas instituições envidam esforços, tanto no âmbito político mais amplo, divulgando suas posições com relação à preservação da memória documental e ao acesso à informação, quanto no âmbito técnico, voltando-se para aspectos de normalização e padronização, que se tornam cruciais no âmbito da informação eletrônica. Através de parcerias, o trabalho dessas instituições, parece estar apontando para novo modelo de controle bibliográfico, que exigirá esforços coletivos para seu sucesso, em virtude da complexidade do ambiente informacional na sociedade contemporânea.

Referências

ANDERSON, D. P. *Universal Bibliographic Control*: a long term policy, a plan for action. München: Verlag Dokumentation, 1974.

ANDERSON, D. P. IFLA's Programme of Universal Bibliographic Control: origins and first years. *International Cataloguing & Bibliographic Control*, v. 29, n. 2, p. 23-26, 2000.

BOURNE, R. The IFLA UBCIM Programme. *International Cataloguing & Bibliographic Control*, v. 16, n. 4, p. 39-40, 1987.

BUCKLAND, M. *1895-1995 FID 100 years of achievements*. Disponível em: http://www.sims.berkeley.edu/~buckland/fidhist.html Acesso em: 14/09/2005.

CANFORA, L. *A biblioteca desaparecida*: histórias da biblioteca de Alexandria. São Paulo: Companhia das Letras, 1989.

DELSEY, T. Controle bibliográfico universal em um contexto em mudança. *Anais da Biblioteca Nacional*, Rio de Janeiro, v. 114, p. 183-196, 1996.

FIGUEIREDO, L. M.; CUNHA, L. G. C. *Curso de bibliografia geral*: para alunos das escolas de biblioteconomia. Rio de Janeiro: Record, 1968.

HAGLER, R. Principles of bibliographic control. In: _____. *The bibliographic record and information technology*. 2. ed. Chicago: ALA, 1991. p. 1-25.

HOUGHTON, B. *Scientific periodicals*: their history, development, characteristics and control. London: C. Bingley, 1975.

INTERNATIONAL FEDERATION OF LIBRARY ASSOCIATIONS AND INSTITUTIONS. *Functional Requirements for Bibliographic Descriptions: final report*. 2004. Disponível em <http://www.ifla.org/VII/s13/frbr/frbr.htm> Acesso em: 12/01/2005.

INTERNATIONAL FEDERATION OF LIBRARY ASSOCIATIONS AND INSTITUTIONS. *IFLA Core Activity*: IFLA-CDNL Alliance for Bibliographic Standards. 2005. Disponível em: <http://www.ifla.org/VI/7/icabs.htm> Acesso em: 22/01/2005.

INTERNATIONAL FEDERATION OF LIBRARY ASSOCIATIONS AND INSTITUTIONS. IFLA Core Programme for Universal Bibliographic Control and International MARC (UBCIM) and Division of Bibliographic Control: reports on activities, 1993-1994. *International Cataloguing & Bibliographic Control*, v. 24, n. 1, p. 3-8, 1995.

INTERNATIONAL FEDERATION OF LIBRARY ASSOCIATIONS AND INSTITUTIONS. *Unimarc Manual*: bibliographic format. 1994. Disponível em: <http://www.ifla.org/VI/3/p1996-1/sec-uni.htm> Acesso em: 12/01/2005.

INTERNATIONAL FEDERATION OF LIBRARY ASSOCIATIONS AND INSTITUTIONS/ INTERNATIONAL PUBLISHERS ASSOCIATION. *Preserving the Memory of the World in Perpetuity: a joint statement on the archiving and preserving of digital information*. 2004. Disponível em: <http://www.ifla.org/V/press/ifla-ipa02.htm> Acesso em: 12/03/2005.

LIBRARY OF CONGRESS. *MARC 21 concise format for bibliographic data*. 2003. Disponível em: <http://www.loc.gov/marc/bibliographic/ecbdhome.html> Acesso em: 12/01/2005.

LIBRARY OF CONGRESS. *Z39-50*. 2004. Disponível em: <http://www.loc.gov/z3950/agency/ > Acesso em: 12/01/2004.

MIRANDA, A. Necessidade de uma política nacional de informação (NATIS). In:_____ . *Planejamento bibliotecário no Brasil*. Rio de Janeiro: Livros Técnicos e Científicos, 1977. p. 12-23.

Online Computer Library Center. VIAF (Virtual International Authority File). Disponível em: <http://www.oclc.org/research/projects/viaf/default.htm> Acesso em: 12/01/2005.

REPORT from the Global Information Alliance meeting (Helsinki 15th-16th July 1996). *IATUL News*, v. 5, n. 3, 1996. Disponível em <http://www.iatul.org/whatsnew/previous/3-96.html#REPORT%20FROM%20THE%20GLOBAL%20INFORMATION%20ALLIANCE%20MEETING> Acesso em: 06/11/2004.

ROBERTS, K. H. UNESCO's General Information Programme, 1977-1987: its characteristics, activities and accomplishments. *Information Development*, v. 4, n. 4, p. 208-238, 1988.

ROBERTS, W. O que é controle bibliográfico universal? *Anais da Biblioteca Nacional*, Rio de Janeiro, v. 114, p. 149-171, 1996.

PEREIRA, E. C.; RUTINA, R. O século XXI e o sonho da biblioteca universal: quase seis mil anos de evolução na produção, registro e socialização do conhecimento. *Perspectivas em Ciência da Informação*, Belo Horizonte, v. 4, n. 1, p. 5-19, 1999.

SCHNEIDER, G. *Theory and history of bibliography*. New York, NY: Scarecrow, 1961.

SILVA, L. A. G. Políticas e programas de informação e documentação da UNESCO e fontes para seu estudo. *Informação & Sociedade*, João Pessoa, v. 4, n. 1, p. 93-118, 1994.

TOCATLIAN, J. A strategic alliance in information: international non-governmental organizations unite to serve the world community. *Information Development*, v. 10, n. 3, p. 186-188, 1994.

UNESCO. Memory of the world: general guidelines to safeguard documentary heritage. 2002. Disponível em: <http://unesdoc.unesco.org/images/0012/001256/125637e.pdf> Acesso em: 12/01/2005.

The UNIVERSAL Library. Carnegie Mellon University. Disponível em: <http://www.ul.cs.cmu.edu/html/index.html> Acesso em: 24/01/2005.

VILLANUEVA MANSILLA, E. Seminário sobre Controle Bibliográfico Universal (CBU): relatório, conclusões e recomendações. *Anais da Biblioteca Nacional*, Rio de Janeiro, v. 113, 1993.

Biblioteca nacional

NOS ÚLTIMOS 150 anos, a biblioteca nacional tem sido instituição presente na maioria dos países, destacando-se geralmente pela imponência de seu edifício e pela riqueza de sua coleção. Suas origens refletem o desejo de reis e mandatários de reunir e preservar os registros do saber, razão pela qual muitas delas foram originalmente criadas como bibliotecas reais, passando, com o tempo, por um processo de democratização, em que foram abertas ao público e se tornaram instituições de preservação da memória intelectual das nações.

Existem bibliotecas nacionais fundadas há séculos, como as da França e da Áustria, criadas respectivamente nos séculos XV e XVI. O desenvolvimento das bibliotecas nacionais, com as características que lhe são próprias atualmente, resultou do surgimento dos Estados independentes e, consequentemente, com os esforços feitos para a consolidação da ciência e da cultura nacionais. Esse processo teve início na França, em 1791, quando a biblioteca real francesa foi declarada propriedade nacional.

No século XIX, novas bibliotecas nacionais foram criadas em mais de 20 países, entre eles, Argentina (1810),

Venezuela (1810), Chile (1813), México (1867), refletindo o nacionalismo emergente da época, marcada também pela criação de arquivos, museus e teatros nacionais.

No século XX, foram fundadas cerca de 30 bibliotecas nacionais, como, por exemplo, em Cuba (1901), Panamá (1942), Jamaica (1979). Atualmente, essa instituição desperta o interesse de homens públicos e de políticos, pois é considerada de grande significado para a nação e todo país almeja ter a sua biblioteca nacional, encarregada de reunir e preservar seu patrimônio cultural.

Estrutura

Na maioria dos países, a biblioteca nacional é um órgão mantido pelo poder público e subordinado a uma autarquia no nível federal, geralmente o Ministério da Cultura. Existem outras formas de estruturação que, dependendo das tradições culturais e da história de cada país, irão variar. Em alguns casos, bibliotecas especializadas, universitárias ou públicas, acabam assumindo o papel de biblioteca nacional, em função de sua liderança. Nos Estados Unidos, por exemplo, a biblioteca nacional é uma biblioteca parlamentar, a Library of Congress. Em outros, como Finlândia e Israel, a biblioteca nacional funciona também como biblioteca universitária. O mesmo ocorre na Dinamarca, onde a biblioteca nacional é também a biblioteca central da universidade de Copenhagen. Esta última é também biblioteca nacional especializada, atendendo a consultas de todo o país nas áreas de humanidades, teologia e ciências sociais. Em alguns países, a biblioteca nacional integra diversas instituições, como na Indonésia, cuja biblioteca nacional é formada por quatro instituições diferentes: pela National Museum Library, por uma biblioteca especializada em ciências sociais, política e história, pela biblioteca regional de Dakar, além de uma divisão bibliográfica. No Quênia, a função da biblioteca nacional é exercida por um serviço nacional de bibliotecas[9] (o Kenya National Library Service), funcionando como uma rede, que integra as bibliotecas das diversas províncias do país, estando mais voltado para as questões de estímulo à leitura. Também no Panamá a Fundación Biblioteca Nacional administra não só a própria biblioteca nacional, mas as bibliotecas públicas ligadas ao ministério da educação do país.

Existem países, como os Estados Unidos, que além da biblioteca nacional geral, possuem bibliotecas nacionais que abrangem determinada área de assunto, como é o caso da National Library of Medicine e da National Library of Agriculture. Na Alemanha, há bibliotecas nacionais (embora não incluam essa expressão no seu nome) nas áreas de medicina, ciência e tecnologia, agricultura e ciências sociais.

Na Itália, há duas bibliotecas nacionais distintas, uma em Roma e outra em Florença, e o mesmo acontece no Canadá, por conta das questões políticas envolvendo a região do Québec.

Agência Bibliográfica Nacional

Segundo o modelo de controle bibliográfico proposto pela UNESCO em 1977, biblioteca nacional é aquela que, independentemente de outras funções, tem a responsabilidade de controlar o depósito legal e de produzir a bibliografia nacional. Nessa concepção, a biblioteca nacional desempenharia o papel de agência bibliográfica nacional (ABN),

---

[9] O termo "serviço nacional de biblioteca" começou a ser utilizado quando algumas bibliotecas nacionais passaram a desempenhar funções de atendimento à população em geral, ampliando ou afastando-se da função tradicional de depositária da produção intelectual do país.

desenvolvendo diversas atividades que garantissem o gerenciamento eficaz do controle bibliográfico nacional. Essa agência teria sustentação legal que permitisse a captação da produção bibliográfica do país, da maneira a mais completa possível. Isso seria feito através da legislação de depósito legal.

O conceito de ABN foi proposto para reforçar as ações de controle bibliográfico nacional e foi disseminado no congresso de 1977, quando a UNESCO recomendou que cada país criasse sua "agência bibliográfica nacional", de forma a garantir a sustentação das atividades de controle bibliográfico, reunindo-se estruturalmente todas as ações e processos a ele relacionados.[10] Segundo a UNESCO, a ABN seria estabelecida no âmbito do sistema de bibliotecas do país, com duas funções primárias:

- preparar os registros oficiais e completos para cada nova publicação editada, de acordo com normas catalográficas internacionais;
- divulgar esses registros com a maior rapidez possível, através da bibliografia nacional.

Essa concepção foi baseada nos modelos de administração já existentes nas instituições que realizavam tarefas de controle bibliográfico, geralmente a biblioteca nacional. Assim, caberia aos países definir a estrutura que mais se adaptasse à sua realidade, embora ficasse claro que a ABN deveria estar fortemente ligada ao sistema de bibliotecas. A UNESCO sugeria especificamente que a ABN funcionasse como um setor da biblioteca nacional, tendo em vista que, na maioria dos países, essa biblioteca já assumia a maior parte das funções ligadas ao controle bibliográfico.

---

[10] Atualmente o termo "agência bibliográfica nacional" está em desuso, podendo-se observar que nos documentos da IFLA e da UNESCO ele não é mais utilizado.

Além de suas funções primárias, anteriormente descritas, a ABN deveria encarregar-se de outras tarefas, como por exemplo, a produção de bibliografias retrospectivas. Ressaltando a importância do resgate dos registros antigos da produção editorial de um país, a UNESCO pretendia, por ocasião do congresso de 1977, detalhar recomendações para a elaboração desse tipo de bibliografia que, na verdade não chegaram a ser definidas até hoje.

Outras funções propostas para a ABN estavam relacionadas às diversas ações ligadas à produção da bibliografia nacional e incluíam:

- controlar o depósito legal e o cumprimento da respectiva lei;
- manter catálogos coletivos nacionais;
- atuar como agência central de catalogação, encarregando-se de: manter a lista padronizada de nomes de autores do país (pessoas físicas, entidades coletivas, nomes geográficos); definir regras catalográficas a serem utilizadas na bibliografia nacional, em catálogos coletivos e nas bibliotecas do país, seguindo padrões internacionalmente aceitos;
- manter o programa de catalogação na publicação;
- manter centros de atribuição de números padronizados para documentos: ISBN, ISSN, etc.;
- coordenar o intercâmbio de registros bibliográficos com ABNs de outros países;
- assessorar sistemas de informação especializada na incorporação de seus registros bibliográficos em sistemas internacionais.

Vê-se, portanto, que o papel da ABN incluiria responsabilidades no nível nacional e no internacional. Por um lado, ela estaria comprometida com a satisfação das necessidades de informação dos usuários; por outro, deveria contribuir, como centro nacional, para a consecução do CBU.

Examinando-se as funções da ABN, pode-se constatar que aquelas relacionadas com a captação do material bibliográfico do país por meio do depósito legal e com a preservação desse material são funções tradicionalmente desempenhadas por bibliotecas nacionais de muitos países. A biblioteca nacional seria, portanto, o órgão mais adequado para acolher as atividades da ABN em determinado país.

A criação de setor específico que se encarregasse das duas funções primárias da ABN dentro da estrutura da biblioteca nacional já existente constituiria a forma mais adequada para estruturar o processo de controle bibliográfico, evitando-se gastos excessivos e duplicação de esforços e deveria ser adotada por países que já possuíssem sua biblioteca nacional. É essa a estrutura utilizada por diversos países, como por exemplo o Reino Unido, em que a British Library (a biblioteca nacional do país) possui a Bibliographic Services Division, que funciona como ABN. Também na França, o Centre Bibliographique Nationale, ligado à Bibliotheque Nationale, funciona como ABN.

Em alguns países as funções da ABN não se concentram todas na biblioteca nacional: são desempenhadas por diversas organizações (órgãos públicos ou da iniciativa privada) que, por motivos históricos, tenham assumido em algum momento aquela função. É o que acontece no Brasil, onde, embora a Biblioteca Nacional assuma as principais funções da ABN, outras organizações desenvolvem atividades específicas de controle bibliográfico, como por exemplo:
- O Instituto Brasileiro de Informação em Ciência e Tecnologia (IBICT), que é responsável pelo Catálogo Coletivo Nacional de Publicações Seriadas (CCN), além de sediar a agência brasileira do ISSN;

- A Câmara Brasileira do Livro (CBL) que opera, juntamente com o Sindicato Nacional dos Editores de Livros (SNEL) o programa de catalogação na publicação mais antigo do país.

Também nos Estados Unidos há participação de empresas ligadas à indústria e ao comércio editorial nas atividades de controle bibliográfico. É o caso das editoras Bowker e Wilson, que publicam respectivamente o *Books in Print* e o *Cumulative Book Index*, que funcionam como bibliografias nacionais, divulgando os últimos lançamentos. A Bowker é também a responsável pela atribuição do ISBN para publicações norte-americanas.

A UNESCO sempre insistiu na necessidade de cooperação entre a ABN e os diversos componentes da indústria e comércio editorial (editoras, livrarias e distribuidoras), além da classe bibliotecária, a fim de que a tarefa de controle bibliográfico seja desenvolvida de forma a atender a diferentes necessidades de maneira efetiva.

O novo perfil das bibliotecas nacionais

Muitas discussões sobre o papel atual das bibliotecas nacionais ocorreram em reuniões da IFLA e da UNESCO, tendo em vista as mudanças ocorridas no panorama sóciocultural nas décadas de 80/90, especialmente aquelas relativas à tecnologia da informação. As diferenças entre países também influenciaram essas discussões, no sentido de buscar um papel mais eficaz para a biblioteca nacional nos países em desenvolvimento.

Em reunião realizada na Rússia, em 1991, sobre os objetivos da biblioteca nacional no novo ambiente informacional, com ênfase nos países em desenvolvimento, discutiu-se a mudança de função da biblioteca nacional, afastando-se da abordagem voltada para o acervo e enfatizando o acesso. Um ponto importante foi a concordância de que deveria haver intensificação no papel de liderança da biblioteca nacional sobre o sistema de bibliotecas do país.

As bibliotecas nacionais, especialmente aquelas de países em desenvolvimento, deveriam definir as funções que atenderiam mais adequadamente às necessidades de informação do país e, a partir daí, estabelecer suas prioridades. Na reunião acima mencionada houve concordância quanto a recomendar às bibliotecas nacionais que enfatizassem as seguintes funções:

- liderar o desenvolvimento e manutenção de um sistema integrado de bibliotecas;
- responsabilizar-se pela melhoria de programas de educação continuada;
- prestar serviços às demais bibliotecas do país;
- funcionar como depositária da coleção recebida mediante o depósito legal e como agência bibliográfica nacional.

Ampliam-se, portanto, as funções da biblioteca nacional. Além de manter a herança cultural da nação, para uso de pesquisadores e estudiosos (parcela reduzida da população), ela estará voltada para o atendimento a todos os cidadãos, através de atuação que irá beneficiar a rede de bibliotecas do país, atingindo principalmente as camadas menos favorecidas, justificando-se, assim, a existência da instituição.

Verifica-se, portanto, mudança expressiva na concepção da função da biblioteca nacional. A função depositária e de preservação da memória intelectual foi preponderante durante muito tempo e permitiu às bibliotecas nacionais acumularem um patrimônio representado por milhões de documentos. Não apenas livros, mas também os mais variados tipos de materiais, dependendo da definição, mais restrita ou mais ampla, adotada na legislação de depósito legal de cada país. A biblioteca nacional da França, por exemplo, coleciona, além de documentos tradicionais impressos, estampas, desenhos, cartazes, postais, fotografias, moedas, medalhas, discos e outros documentos sonoros e até mesmo trajes e maquetes, em razão da concepção ampla de "documento" constante na sua lei de depósito legal.

Atualmente, pode-se observar três orientações distintas nas funções das bibliotecas nacionais:

1. Função depositária: a ênfase reside na preservação da herança cultural do país, representada por extensa coleção de materiais. As bibliotecas que seguem essa orientação são, geralmente, as mais antigas ("clássicas") e suas atividades voltam-se predominantemente para a conservação do acervo.
2. Função de infraestrutura: a ênfase é na coordenação, liderança e serviço às bibliotecas do país. As bibliotecas nacionais que seguem essa orientação são, em geral, mais novas.
3. Função de serviço nacional abrangente: nesse caso, estão as bibliotecas nacionais que direcionam seus serviços para o usuário final, atendendo pessoas no país inteiro, através do sistema de bibliotecas públicas. Esse tipo de orientação é encontrado em bibliotecas nacionais de países em desenvolvimento.

O Quadro abaixo sintetiza as referidas orientações:

As três orientações observadas atualmente em bibliotecas nacionais

Dimensões do conceito de biblioteca nacional	Estágio de desenvolvimento	Usuários principais	Ênfase	Tipo de biblioteca nacional
Depositária da herança cultural do país	Clássico (países desenvolvidos)	Pesquisadores, acadêmicos	Acervo	Convencional ou tradicional

Infraestrutura	Moderno (países desenvolvidos)	Bibliotecas	Liderança nacional	Moderna
Serviço nacional de biblioteca	Países em desenvolvimento	População	Serviço para usuários finais	Serviço nacional de biblioteca

  Se, por um lado, as bibliotecas nacionais tornaram-se repositórios de riquíssimos acervos, por outro, defrontam-se com graves problemas para armazenar e conservar esse acervo. São obrigadas a investir pesados recursos em processos de conservação que se tornam mais onerosos à medida que sejam mais variados os tipos de materiais a serem preservados, exigindo processos diversificados de conservação e de restauração. Deve-se lembrar ainda que, como Agência Bibliográfica Nacional, responsável pelo controle bibliográfico nacional, a biblioteca nacional assume a tarefa de compartilhar internacionalmente os registros bibliográficos do país, o que lhe acarreta mais encargos. As novas funções propostas para a biblioteca nacional, por outro lado, exigirão mais recursos e a instituição terá que buscar meios para cumpri-las de forma eficaz. Uma possibilidade que vem sendo apontada seria a adoção de políticas de seleção, que possibilitassem a diminuição da quantidade de material captado. Outra seria a definição de critérios de preservação relativos ao suporte original dos documentos, já que a tecnologia hoje disponível permite o uso de suportes de reposição, em meio eletrônico e/ou virtual, que poderiam diminuir os problemas de armazenamento e conservação. A terceira alternativa seria a descentralização das atividades de controle bibliográfico, com outras instituições similares assumindo tarefas específicas, garantindo-se, entretanto a coerência do sistema, de forma a que o objetivo final do CBU seja mantido.

A biblioteca nacional no Brasil

A Biblioteca Nacional brasileira teve origem na Real Biblioteca da Ajuda, pertencente à corte portuguesa e trazida para o Brasil por ocasião da vinda de D. João VI e da família real, em 1808. A Real Biblioteca da Ajuda havia sido organizada por iniciativa do rei D. José I (1714-1777), para substituir a que foi destruída pelo incêndio ocorrido durante o terremoto de Lisboa, em 1755. Era rica em obras não só portuguesas, mas também de outros países europeus. Além de livros, possuía estampas, mapas, manuscritos, moedas e medalhas. Fazia parte da Real Biblioteca a coleção chamada Livraria do Infantado, que reunia preciosos manuscritos e impressos. Ao longo do tempo, outros acervos a ela foram acrescidos, formando, assim, uma riquíssima coleção.

Chegando ao Rio de Janeiro, em meados de 1810, a coleção contendo cerca de 60 mil peças foi instalada no Hospital da Ordem Terceira de Nossa Senhora do Carmo, nas proximidades do Paço Imperial. Em 29 de outubro de 1810, considerada a data oficial de fundação da Real Biblioteca no Brasil, foi assinado o decreto que autorizava sua instalação nos porões do Hospital, transferindo-a do andar superior onde ficara guardada desde sua chegada ao país. Em 1812, a biblioteca passou a ocupar todo o prédio da Ordem Terceira do Carmo, onde permaneceu até agosto de 1858, quando foi transferida para o prédio nº 48 da rua do Passeio, que fora adquirido e adaptado pelo governo imperial para tal fim.

Em 1824, a Real Biblioteca passou a chamar-se Biblioteca Imperial e Pública, refletindo o fato de que havia sido franqueada ao público pelo Príncipe Regente, desde 1814. Essa denominação foi mantida até 1876, quando um decreto imperial mudou seu nome para Biblioteca Nacional e Pública do Rio de Janeiro.

Em 1910, foi inaugurado o prédio que abriga até hoje a Biblioteca Nacional, na área central da cidade do Rio de Janeiro. Em 1987, a estrutura da Biblioteca Nacional foi modificada pela Lei 7624, quando passou a integrar, juntamente com o Instituto Nacional do Livro (INL), a Fundação Nacional Pró-Leitura.

Nova modificação ocorreu na sua estrutura organizacional em 1990, quando foi instituída, no âmbito do Ministério da Cultura, a Fundação Biblioteca Nacional e foram extintos o INL e a Fundação Nacional Pró-Leitura (Lei nº 8.029, de 12 de abril de 1990 e Decreto nº 99.492, de 03/09/1990). Segundo seu atual estatuto (aprovado pelo Decreto nº 5.038, de 7 de abril de 2004), a Biblioteca Nacional é o órgão responsável pela execução da política governamental de recolhimento, guarda e preservação da produção intelectual do País, com as seguintes finalidades:

I - adquirir, preservar e difundir os registros da memória bibliográfica e documental nacional;

II - promover a difusão do livro, incentivando a criação literária nacional, no País e no exterior, em colaboração com as instituições que a isto se dediquem;

III - atuar como centro referencial de informações bibliográficas;

IV - registrar obras intelectuais e averbar a cessão dos direitos patrimoniais do autor;

V - assegurar o cumprimento da legislação relativa ao Depósito Legal;

VI - coordenar, orientar e apoiar o Programa Nacional de Incentivo à Leitura de que trata o Decreto nº 519, de 13 de maio de 1992;

VII - coordenar o Sistema Nacional de Bibliotecas Públicas de que trata o Decreto nº 520, de 13 de maio de 1992;

VIII - elaborar e divulgar a bibliografia nacional; e

IX - subsidiar a formulação de políticas e diretrizes voltadas para a produção e o amplo acesso ao livro.

A história da Biblioteca Nacional brasileira é típica das mais antigas bibliotecas nacionais. Originando-se de uma biblioteca real, transformou-se em depositária da produção intelectual do país, reunindo rico e variado acervo, único em muitos aspectos. Tem sustentação legal e é formalmente responsável pelo desenvolvimento dos mais variados serviços bibliotecários que, se postos efetivamente em prática, a tornarão uma biblioteca nacional dentro dos moldes recomendados pelas instituições internacionais.

Referências

ANDERSON, D. The role of the national bibliographic center. *Library Trends*, v. 25, n. ¾, p. 645-663, 1977.

BOURNE, R. O papel da Agência Bibliográfica Nacional. *Anais da Biblioteca Nacional*, Rio de Janeiro, v. 114, p. 173-182, 1996.

BRAULT, Jean-Remi. A biblioteca nacional do futuro: algumas reflexões impertinentes. *Perspectivas em Ciência da Informação*, Belo Horizonte, v. 3, n. 1, p. 61-66, 1998.

FUENTES ROMERO, J. J. El concepto de biblioteca nacional a partir de los tres informes de la UNESCO sobre las bibliotecas nacionales: Silvestre (1987), Line (1989) y Cornish (1991). *Anales de Documentación*, n. 6, p. 71-88, 2003. Disponível em: http://www.um.es/fccd/anales/ad06/ad0605.pdf Acesso em: 18/06/2005.

HERKENHOFF, P. *Biblioteca nacional*: a história de uma coleção. Rio de Janeiro: Salamandra, 1996. 263 p.

LOR, P. J.; SONNEKUS, E. A. S. *Guidelines for legislation for national libraries*. IFLA, 1997. Disponível em: <http://www.unesco.org/webworld/nominations/guidelines1_h.htm>. Acesso em: 18/06/2005.

RELATÓRIO da Presidência da Fundação Biblioteca Nacional. *Anais da Biblioteca Nacional*, Rio de Janeiro, v. 113, p. 417-462, 1993.

SANT'ANNA, A. R. *Bibliotecas*: desnível social e o desafio do século XXI. Rio de Janeiro: Fundação Biblioteca Nacional, 1996. 27 p.

SCHWARCZ, Lilia Moritz; AZEVEDO, Paulo Cesar de; COSTA, Angela Marques da. *A longa viagem da biblioteca dos reis*: do terremoto de Lisboa à independência do Brasil. São Paulo: Companhia das Letras, 2002. 554 p.

SINTESE histórica. *Anais da Biblioteca Nacional*, Rio de Janeiro, v. 108, p. 275-316, 1988.

VITIELLO, G. National libraries: the concept and the practice, 1700-2000. *Alexandria*, v. 13, n. 1, p. 139-151, 2001.

Depósito legal

DEPÓSITO LEGAL É a exigência, definida por lei, de se efetuar a entrega a um órgão público (geralmente a biblioteca nacional) de um ou mais exemplares de toda publicação editada em um país – considerando seus limites geográficos. Constitui uma das formas mais utilizadas para captar material para a elaboração da bibliografia nacional e formar a coleção que irá propiciar a preservação da herança cultural do país.

A formação de coleções nacionais foi, como já visto anteriormente, ação levada a cabo, inicialmente, pelos governantes ou monarcas que, com as prerrogativas dos cargos que ocupavam, desenvolveram formas de obter os livros e documentos que levaram à formação dos acervos das bibliotecas reais que, transformadas em bibliotecas nacionais, possuem hoje riquíssimas coleções.

A história da legislação de depósito legal teve início em 1537, quando o rei Francisco I da França aprovou o *Ordonnance de Montpellier*, decreto que proibia a venda de qualquer livro sem que primeiro houvesse sido depositado um exemplar do mesmo na biblioteca real. Esse decreto estabeleceu o conceito de depósito legal, posteriormente adotado por outros países, como a Alemanha (em 1624), a Grã-Bretanha (em 1610), a Suécia (em 1661), a Dinamarca (em 1697), a Finlândia (em 1702). Atualmente, muitos países possuem legislação de depósito legal que garante a preservação de grande parte de suas publicações.

Com a invenção da imprensa no final do século XV, muitos monarcas que se haviam dedicado a colecionar livros perceberam que o depósito legal era uma forma de enriquecer suas coleções e, ao mesmo tempo, manter controle sobre o novo e revolucionário meio de comunicação: o livro. A censura foi, portanto, um objetivo dos primeiros atos que regularam o depósito legal nos séculos XVI e XVII e era tão marcante naquela época, que alguns países, como a Bélgica, por exemplo, incluíram na sua atual legislação a declaração expressa de que nenhuma ideia de censura estaria relacionada ao depósito legal, a fim de enfatizar a modernização do conceito.

O desenvolvimento da imprensa desencadeou outra questão: a proteção dos direitos do autor. Os governos de alguns países se propunham a oferecer algum tipo de proteção contra pirataria intelectual, mas para fazê-lo, tinham de saber exatamente o que estavam protegendo. Assim, o *copyright* ou direito de autor era garantido sob a condição de que um ou mais exemplares do trabalho em questão fossem depositados em determinado órgão público. Por volta do século XVIII, vários países como França, Bélgica e Holanda, tinham leis de depósito legal vinculadas ao direito autoral. Por ocasião da assinatura da convenção de Berna em 1908, a questão dos direitos autorais foi desvinculada do depósito legal. Os países signatários dessa convenção, na maioria países europeus, comprometeram-se a modificar suas leis de forma que as duas questões fossem tratadas de maneira distinta. Atualmente, os Estados Unidos são um dos poucos países cuja lei de depósito legal ainda se vincula ao direito autoral. Entretanto, várias propostas têm sido apresentadas para sua modificação.

Utilizado inicialmente para garantir privilégios para determinadas bibliotecas, foi somente nos últimos 50 anos que o depósito legal teve seu objetivo claramente associado à elaboração da bibliografia nacional, embora ainda haja argumentos de que ele constitui forma discriminatória de confisco de bens privados. Entretanto, não se pode negar que o depósito legal tenha contribuído para a preservação de uma herança cultural significativa em muitos países.

Poucos países mantêm suas bibliotecas e bibliografias nacionais através de depósito voluntário, por meio de acordos entre a agência bibliográfica nacional e a associação de editores. Levando-se em consideração que a maioria dos países não está em condições de garantir um controle bibliográfico eficiente utilizando o depósito voluntário, a recomendação da UNESCO, na Conferência de 1977, foi a de que os países estabelecessem leis de depósito legal.

Os princípios básicos das recomendações são:
- O depósito deve ser obrigatório, não se recomendando esquemas voluntários de captação;
- deve constituir responsabilidade nacional, embora não impedindo que outras jurisdições tenham suas próprias leis;
- a coleção formada em decorrência do depósito legal deve ser de propriedade do Estado e a instituição depositária a responsável por sua manutenção e preservação;
- deve abranger todos os materiais produzidos, com exceção daqueles explicitamente excluídos da lei;
- os depositantes não devem receber pagamento ou qualquer outra compensação pelo depósito;

- o acesso à coleção deve ser gratuito, sendo que taxas administrativas razoáveis podem ser cobradas em determinadas circunstâncias.

O texto da lei deve ser claro, acurado, bem estruturado e conciso, evitando-se ambiguidade e vagueza, incluindo definições precisas dos termos utilizados, de forma a deixar clara a intenção do legislador.

Na Conferência de 1977, definiram-se os elementos básicos para a legislação de depósito legal, a saber: objetivos, instituição depositária, material a ser depositado, número de exemplares, prazo para depósito, depositantes e métodos de controle e feitas recomendações concernentes a cada um desses elementos. As recomendações foram baseadas em práticas de depósito legal já existentes, naquela época, em vários países. Ao longo do tempo, o assunto foi objeto de inúmeras discussões que ocorreram em encontros organizados pela IFLA, e novas sugestões foram feitas para aprimorar as leis existentes. Percebe-se que, com relação ao depósito de documentos da internet não há consenso, devido às características específicas desse tipo de documento e ao fato de que só recentemente alguns países estão desenvolvendo práticas para sua coleta e preservação. As recomendações a seguir são aquelas feitas pela UNESCO em 1977 (que continuam válidas para documentos já existentes naquela época), acrescidas de sugestões relativas a documentos virtuais e a outros aspectos que podem influenciar o depósito legal.

Objetivos

Em termos gerais, o depósito legal deve-se constituir instrumento para políticas nacionais de livre expressão da e acesso à informação, pois ao se reunir e preservar toda a produção intelectual do país, garantir-se-á o acesso ao patrimônio cultural, sem qualquer julgamento, – seja de ordem moral, política, artística ou literária –, sobre o valor intrínseco dos materiais.

O depósito legal deve ter como objetivos:
- assegurar a formação de uma coleção de materiais produzidos em vários formatos;
- permitir a compilação da bibliografia nacional, assegurando o controle bibliográfico da coleção;
- proporcionar aos cidadãos, do país e do exterior, acesso às publicações nacionais.

Esses objetivos devem estar claramente explícitos no texto da lei, já que ela estará impondo um dever para certas pessoas (os depositantes) que têm o direito de compreender a finalidade do seu ato.

Depositária

A instituição depositária é o órgão definido por lei para receber os materiais oriundos do depósito legal. Como o objetivo do depósito legal é, juntamente com a formação da coleção nacional, a elaboração da bibliografia nacional, a UNESCO recomenda que a lei defina como depositária a instituição encarregada de elaborar a bibliografia.

O depósito pode ser descentralizado em mais de uma instituição, no caso, por exemplo, de materiais que exijam tratamento especializado, como filmes, ou para atender a usuários com necessidades especiais, como deficientes visuais, por exemplo. Nesses casos, é necessário estabelecer mecanismos de coordenação entre as várias agências depositárias.

Material a ser depositado

Qualquer lei de depósito legal só poderá abranger as publicações produzidas no país, pois só se aplica dentro de seus limites geográficos. Se houver interesse em captar material publicado no exterior (por exemplo, documentos sobre o país), é necessário utilizar meios, tais como compra ou permuta. Para publicações *online*, o país onde se dá a publicação deve ser identificado pela localização geográfica do Uniform Resource Locator (URL).

A definição dos materiais que serão objeto de depósito legal é uma questão bastante complexa e parece que nenhum país atingiu solução ideal. Um dos aspectos da questão refere-se à exaustividade, ou seja, à ideia de que tudo o que seja produzido deva ser depositado, para garantir a isenção de julgamento que está associada ao depósito legal. Desse ponto de vista, todo o material deveria ser captado, já que por mais insignificante que ele possa parecer, pode apresentar valor para determinados segmentos sociais. Razões de ordem prática, tais como, espaço, recursos humanos e tecnológicos, podem obrigar a definição de limites na captação de documentos e, segundo as recomendações, esses limites nunca devem incidir sobre o conteúdo da publicação. Alguns critérios de exclusão recomendados são: número reduzido de páginas, tiragem e tipo de material (por exemplo, manuais de instrução, listas de preços de produtos, listas de horários de transportes, livros de colorir e recortar para crianças, boletins e relatórios de empresas, *folders*), enfim materiais de duração efêmera. A recomendação, entretanto, é que países que possuam produção editorial pequena não incluam tais limitações na legislação de depósito legal.

Os dois critérios básicos para inclusão na lei seriam:
- Material disponibilizado para o público;
- e produzido em múltiplos exemplares para distribuição ao público.

Segundo recomendação da UNESCO, a legislação de depósito legal deveria incluir todos os objetos físicos, em qualquer formato, que tivessem conteúdo informacional e fossem produzidos em múltiplos exemplares para distribuição ao público. Recomendou também que se utilizassem, na legislação, terminologia e linguagem abrangentes, de forma a possibilitar a inclusão de tipos de materiais já existentes e outros que viessem a existir posteriormente. Variações no conteúdo e na forma (reedições e edições em formatos e encadernações diferentes, por exemplo) deveriam ser previstas na lei. Assim, a abrangência é estimulada, e a definição do material a ser depositado deve ser a mais ampla possível, de forma a incluir todos os tipos de registro de informação, independentemente do seu formato.

Entretanto, cada tipo de material apresenta questões específicas, tanto no que diz respeito à captação quanto à preservação. O advento da internet e das publicações *online* suscita novas questões (legais, técnicas e organizacionais) para as instituições depositárias, exigindo dos administradores e dos segmentos envolvidos decisões difíceis e muitas vezes polêmicas.

O primeiro aspecto que reflete a diferença com relação à publicação *online* é que ela não se enquadra no princípio de "múltiplos exemplares", estabelecido para materiais bibliográficos e não bibliográficos tradicionais. Ela é produzida em uma única cópia que é armazenada no sistema de computação mundial (a internet). A noção de exemplar é, portanto, substituída pela de disponibilização.

No âmbito do depósito legal, publicação é um documento que consiste de um texto sequencial (e, eventualmente, outros dados visuais), estruturado, organizado e editado como uma unidade independente. Existe em suporte físico que é distribuído para o público em múltiplos exemplares e que pode ser adquirido por qualquer pessoa. No ambiente digital *online,* publicação é o documento produzido, armazenado e distribuído eletronicamente, composto de conteúdo informacional flexível e *software*, que possibilita uso diferente do que ocorre com publicações impressas, por exemplo.

Existem publicações *online* que se assemelham às impressas, que incluem conteúdo de natureza permanente, estruturados e editados como unidades independentes. Exemplos desse tipo são os periódicos eletrônicos disponibilizados em programas como o Adobe Portable Document Format (PDF). São geralmente mantidos por instituições e têm acesso controlado. Há consenso de que essas publicações devam ser depositadas.

Outra categoria refere-se às publicações "dinâmicas" cujo conteúdo muda continuamente, apresentando atualizações a intervalos variados ou em tempo real. Há posições divergentes no que concerne ao seu depósito. Há aqueles que consideram que a versão válida é a que está disponível no momento e, portanto, a agência depositária deve garantir simplesmente o acesso àquela versão. A posição oposta, de que todas as versões devam ser preservadas, encontra sérios obstáculos, pois torna-se praticamente inviável manter todas elas. A solução sugerida, nesse caso, é a de se captarem algumas versões em períodos regulares. Para publicações dinâmicas que deixam de ser acessíveis, a solução pode ser a de se manterem a primeira e a última versão.

Com relação a materiais, como listas de discussão e outros de natureza efêmera, há consenso de que não são editados, não podendo ser considerados "publicação" e, portanto, não devem ser objeto de depósito. Publicações *online* compostas de dados não estruturados, tais como bases estatísticas ou geográficas, não seriam objeto de depósito.

Apesar de reconhecer as dificuldades para captação e preservação da publicação *online,* a recomendação final é que elas sejam incluídas na legislação de depósito legal. Essa inclusão, entretanto, diz respeito apenas a publicações que constituam unidade intelectual estruturada.

É necessário que a instituição depositária possibilite não só acesso aos documentos *online,* mas também desenvolva condições para mantê-los em bases permanentes, não deixando essa responsabilidade para o produtor/proprietário que normalmente não tem interesse em manter por longo tempo seu produto disponível para o público.

Na questão do acesso, deve-se levar em conta a necessidade do depósito de *software* e outros materiais indispensáveis para consulta aos materiais depositados e da garantia de permissão para converter o material para novos formatos ou para migração para novos ambientes operacionais.

Número de exemplares

Pelo menos dois exemplares devem ser depositados: um para preservação e outro para uso. Alguns países definem o número de exemplares com base na tiragem e/ou no custo do material. A legislação deve levar em conta a capacidade da instituição depositária para abrigar e tratar adequadamente o material captado.

No caso da publicação *online,* o número de exemplares não se aplica. A questão diz respeito à amplitude do acesso ao material depositado. Da mesma forma que o número de exemplares do material impresso tem um limite, o número de usuários do material *online* também deve ser limitado para respeitar os direitos comerciais dos produtores. Assim, a legislação deve definir a utilização por determinado número de usuários, garantindo apenas o uso sem fins comerciais dos materiais depositados.

Prazo para depósito

A recomendação é que o depósito seja feito o mais rapidamente possível após a publicação, de preferência dentro de uma semana e, no máximo, em um mês. Esse prazo leva em consideração o objetivo primário do depósito legal, que é a compilação da bibliografia nacional, a qual tem a finalidade de divulgar a produção intelectual do país e cuja distribuição, portanto, não deve ser atrasada.

Depositantes

Ao longo do tempo, a responsabilidade pelo depósito legal tem sido atribuída a diferentes agentes, passando pelo impressor, editor, autor e distribuidor (no caso de material importado estar incluído na legislação), dependendo do país e de sua tradição editorial. Atualmente, as leis de depósito legal tendem a definir como o editor responsável. Nesse caso, é necessário definir de forma ampla o editor, para que não se restrinja a editores comerciais, mas inclua também aqueles ligados a instituições acadêmicas e governamentais, além dos produtores de materiais não bibliográficos, eletrônicos e *online*.

A recomendação é que os responsáveis pelo depósito sejam as organizações e os indivíduos que publicam, produzem e disponibilizam o material ou sejam seus proprietários ou distribuidores.

Métodos de controle

Para ser efetiva, a legislação deve estabelecer método adequado de controle de seu cumprimento, com previsão de penalidade, que varia nos diferentes países. A cobrança de multa aos depositantes omissos tem sido o método usual, mas raramente tem-se mostrado eficaz. A ameaça de não concessão do direito autoral é outra forma de garantir o depósito, embora não recomendada. Há também a possibilidade de impedir a distribuição do documento até que o depósito seja feito. O método recomendado pela UNESCO em 1977 foi a vinculação do depósito ao fornecimento de números de identificação internacional (ISBN,[11] ISSN).

A multa, segundo a UNESCO, embora necessária, deveria constituir o último recurso. Campanhas de esclarecimento sobre as vantagens do depósito legal para os editores são recomendadas, considerando-se que eles devem compreender a importância da visibilidade dada a seus produtos pela bibliografia nacional, além da preservação desses produtos em longo prazo.

Depósito legal no Brasil

A preocupação com o depósito legal no Brasil data da época do Império (1822-1831), a partir de quando foram expedidos vários atos legais que obrigavam a entrega de exemplares de todas as publicações impressas na Tipographia Nacional à Biblioteca Imperial e Pública da Corte.

Esses atos legais foram consolidados no Decreto 1.825 de 20 de dezembro de 1907, acompanhado por legislação complementar (as chamadas "Instruções") em 1922 e em 1930. A legislação, que vigorou até 2004, centralizou o depósito na Biblioteca Nacional, obrigando-a a registrar as obras depositadas em um boletim bibliográfico, criando, assim, formalmente, a bibliografia nacional brasileira.

A Biblioteca Nacional desenvolveu essa atividade de forma bastante irregular, tendo o Boletim Bibliográfico sofrido inúmeras interrupções (ver cap. Bibliografia nacional). Em 1967, o INL iniciara a publicação da *Bibliografia*

---

[11] ISBN – International Standard Book Number (ver cap. Sistemas de identificação numérica de documento).

Brasileira Mensal, realizando, na prática, o controle bibliográfico no Brasil. Essa foi, provavelmente, a causa de ter sido o INL contemplado como órgão depositário das publicações pelo Decreto-Lei 824, de 05 de setembro de 1969, ficando o Brasil na posição peculiar de possuidor de duas leis de depósito legal, de 1969 até a extinção do INL em 1987.

A vigência de uma legislação de depósito legal que data do início do século XX obrigou a Biblioteca Nacional a resolver o problema da defasagem do Decreto 1825, listando na sua página na internet os materiais que deverão ser depositados. Esclarece que, por força de interpretação da lei, material não impresso deve ser depositado, explicitando alguns desses materiais como fitas K7, Long Play (LPs), fitas de vídeo, filmes, Cds contendo som e/ou imagem.

Define também os materiais que não devem ser depositados, como material de propaganda comercial ou política, convites para visita a templos, brindes como agendas e marcadores de livros, recortes de jornais, com exceção de publicações do tipo *clipping*, publicações fotocopiadas, obras não editadas e teses universitárias não editadas, esclarecendo ser de competência das universidades de origem sua guarda e tratamento.

Vários projetos de lei foram apresentados para a reformulação do Decreto 1825. Um deles foi o Projeto de lei 5529 de 1985, do deputado Álvaro Valle, que incluía, conforme recomenda a UNESCO, a declaração explícita do objetivo do depósito (ausente no Decreto 1.825): assegurar o registro e a guarda da produção intelectual do país, além de possibilitar elaboração e divulgação da bibliografia brasileira e das obras estrangeiras disponíveis no Brasil. O mencionado projeto tramitou no Congresso até 1989, quando foi arquivado.

Em 1989, foi enviado ao Congresso Nacional o projeto de lei 3803, de autoria do senador Jarbas Passarinho, aprovado, 15 anos depois, como Lei 10 994 de 14 de dezembro de 2004. Entretanto, foram vetados os incisos II, III e VII do artigo 2º. Esses incisos dizem respeito à principal questão da lei, ou seja, os materiais que devem ser depositados. Os vetos são justificados com o argumento de que as definições de "publicações" e de "publicações novas", constantes nos incisos II e III são muito abrangentes, englobando materiais que já são ou serão objeto de depósito em outras instituições públicas, não se justificando duplicação. Além disso, há o argumento de que a amplitude das referidas definições resultará na captação de uma grande variedade de tipos de materiais que demandarão espaços de enormes proporções para seu armazenamento, sem clara justificativa para o interesse público. Assim, até que seja regulamentada a lei, sua aprovação não propiciará mudanças efetivas ao processo de captação de material que ocorre atualmente.

A Biblioteca Nacional procura esclarecer as vantagens do cumprimento do depósito legal para os depositantes, na tentativa de conscientizá-los sobre sua importância. Busca, assim, apesar da defasagem da legislação, constituir um patrimônio intelectual dentro das possibilidades existentes.

Referências

LARIVIÈRE, J. *Guidelines for legal deposit legislation*. Paris: IFLA/UNESCO, 2000. Disponível em <http://www.ifla.org/VII/s1/gnl/legaldep1.htm> Acesso em: 06/11/2004.

ALVES, M. A. M.; MENEGAZ, R. Depósito legal: esperança ou realidade? *Revista de Biblioteconomia de Brasília,* Brasília, v. 15, n. 1, p. 35-44, 1987.

BELL, B. L. Reviewing recommendations from the International Congress on National Bibliographies, Paris, 1977. *International Cataloguing & Bibliographic Control*, v. 22, n. 2, p. 29-33, 1993.

LELLIS, V. L. M. Controle da produção editorial brasileira. *Revista de Biblioteconomia de Brasília,* Brasília, v. 17, n. 2, p. 187-204, 1989

Bibliografia nacional

A EXPRESSÃO "BIBLIOGRAFIA nacional" foi definida primeiramente em 1896 por Frank Campbell no texto em que o autor inglês apontava a necessidade de se reunirem sistematicamente os registros bibliográficos da produção editorial do país. Isso seria feito a partir dos registros elaborados pela biblioteca nacional que, idealmente, receberia os materiais, via depósito legal, ficando como depositária das publicações. Os novos registros seriam periodicamente publicados, formando, assim, a bibliografia nacional.

Essa concepção de bibliografia nacional diferia daquela das antigas bibliografias[12] que eram obras "fechadas", no

---

[12] Exemplo de uma bibliografia de âmbito nacional nos moldes antigos, elaborada por iniciativa e responsabilidade de um indivíduo, é a obra do bibliógrafo brasileiro Augusto Victorino Alves do Sacramento Blake (1827-1903), que se espelhou nas obras de dois grandes bibliógrafos portugueses (Diogo Barboza Machado e Inocêncio Francisco da Silva) e compilou o que incluía dados biográficos dos autores das obras referenciadas. Além deles, Antônio Simões dos Reis (1899-), que compilou e publicou a Bibliografia Nacional, que abrange os anos de 1942 e 1943, é um exemplo dessa fase artesanal da bibliografia, a qual possui representantes em diversos países.

sentido em que não havia perspectiva de continuidade regular de sua publicação. Algumas dessas obras possuíam suplementos, mas estes constituíam complementações esporádicas, que dependiam da vontade dos seus compiladores. Elaboradas por indivíduos, com base em coleções de bibliotecas particulares ou públicas, embora tivessem o objetivo de reunir e preservar a memória do país, não possuíam o alcance de uma bibliografia corrente. Nas palavras de um dos bibliógrafos, Augusto Victorino Alves do Sacramento Blake, que compilou o *Diccionario Bibliographico Brazileiro*, esse tipo de bibliografia seria

> "... um livro onde se registrassem as obras de tantos brasileiros desde os tempos coloniaes até hoje, muitos dos quaes deixaram obras do mais alto valor sem que, entretanto, sejam seus nomes conhecidos; onde se pozessem em relevo os meritos litterarios de tantos brasileiros, distinctos nos diversos ramos dos conhecimentos humanos – nenhum brazileiro, que preze as lettras, deixaria de contribuir com seu obulo, com os esclarecimentos relativos a si, ou a outros patrícios, para um commetimento que, si dá a quem o toma a gloria do trabalho, dá tambem ao paiz a gloria de perpetuar-se a memória de tantas illustrações, já cahidas, ou que vão tombando na valla obscura do esquecimento, e aos estudiosos a conveniência de acharem n'um só livro o que, a custo, só poderão encontrar esparso."

O novo conceito de bibliografia nacional proposto por Campbell, além de reforçar a base nacional dos registros, preocupava-se em mantê-los correntes, transformando a bibliografia nacional em instrumento dinâmico.

Em 1901, o bibliotecário francês Charles-Victor Langlois (1863-1929) definiu bibliografia nacional como o repertório bibliográfico que relaciona livros de todos os

assuntos, publicados dentro de determinado país. Ao longo do tempo, diversos autores manifestaram sua concepção de bibliografia nacional, definindo-a de diferentes formas.
- lista de materiais bibliográficos produzidos em determinado país;
- lista de materiais escritos na língua, ou línguas, do país;
- lista de materiais sobre o país;
- lista de materiais cujos direitos autorais tenham sido obtidos no país.

Como se pode observar, o conceito, aparentemente simples, pode apresentar perspectivas diferenciadas que irão influenciar no planejamento de serviços bibliográficos nacionais. Enfim, o surgimento do conceito apontava para a necessidade, sentida nessa época, de reunir sistematicamente os registros da produção bibliográfica nacional, geralmente a partir da legislação de depósito legal que nessa época já existia em diversos países. Assim, começaram a surgir com maior frequência, em meados do século XX, as bibliografias nacionais correntes: em 1931 surgiu a *Deutsche Nationalbibliographie*, em 1950, a *British National Bibliography*, em 1953, a *Bibliografia Cubana*, em 1958, a *Bibliografia Nazionale Italiana*, em 1959, a *Bibliografia Española*, em 1980, a *Bibliografia Chilena*, em 1982, a *Bibliografia Venezolana*.[13] Atualmente, a maioria dos países possui bibliografias nacionais correntes.

A bibliografia nacional presta-se a várias funções. Em primeiro lugar, a acumulação dos registros faz com que ela

---

[13] É importante esclarecer que várias dessas obras já existiam anteriormente com outros títulos. O que queremos ressaltar aqui é a sistematização na aplicação do conceito de bibliografia nacional corrente e a tendência dos países em se adequarem ao modelo da época.

funcione como instrumento de pesquisa para historiadores e outros estudiosos, interessados em identificar tendências, progressos e interesses do país, possibilitando visualizar-se a evolução cultural da nação ao longo do tempo. Outra função da bibliografia nacional, numa perspectiva operacional, é que ela pode servir como instrumento de seleção e aquisição para as bibliotecas do país, além de modelo de catalogação. Para a indústria editorial funciona como registro estatístico de sua produção. Finalmente, a bibliografia pode servir como base para a compilação de bibliografias retrospectivas variadas, que podem ser geradas a partir dos registros acumulados ao longo do tempo.

O modelo de bibliografia nacional proposto pela UNESCO e pela IFLA

Segundo o modelo proposto pelas organizações internacionais em 1977, a bibliografia nacional deve ter base geográfica, incluindo registros de publicações editadas dentro das fronteiras do país. Isso evita que um mesmo livro seja registrado em mais de um país, com variação de dados que prejudicaria a consistência do controle bibliográfico, além de poupar gastos com duplicação da catalogação.

Esse modelo considerou a bibliografia nacional como principal instrumento para se alcançar o CBU, e o princípio que o fundamentou foi o de responsabilidade nacional, significando que cada país deveria registrar e divulgar sua produção editorial. A sistematização de procedimentos para elaboração das bibliografias nacionais foi, portanto, um ponto importante nas recomendações que as instituições propuseram no congresso de 1977. Nesse evento, foram estabelecidas as bases do conceito de bibliografia nacional que predominou nos últimos 25 anos. O encontro teve como objetivos:

- alcançar consenso a respeito de padrão mínimo para a cobertura, o conteúdo e a forma da bibliografia nacional, de modo a que os registros dos diversos países pudessem ser intercambiados;
- obter consenso sobre a apresentação, arranjo e frequência da bibliografia nacional impressa;
- discutir e propor diretrizes para o compartilhamento de recursos que auxiliassem os países a alcançar o controle bibliográfico através da produção da bibliografia nacional.

Recomendações da UNESCO para elaboração das bibliografias nacionais

As recomendações feitas em 1977 consideraram que a produção intelectual variava em tamanho e complexidade nos diferentes países e que, portanto, muitos aspectos da bibliografia nacional seriam de difícil padronização em nível internacional. Assim, o modelo não era rígido e as recomendações funcionavam como parâmetros a serem alcançados pelos países que se propunham a aprimorar seu controle bibliográfico. As recomendações foram estabelecidas com base nos elementos comuns encontrados em algumas bibliografias nacionais já existentes e pretendiam constituir diretrizes para o planejamento de sistemas bibliográficos nacionais.

A Conferência de 1998 reforçou as recomendações feitas em 1977 a respeito da bibliografia nacional, começando pelo fato de que ela ainda é considerada como o melhor instrumento para concretizar o CBU. Assim, a bibliografia nacional que constitui o conjunto dos registros catalográficos das publicações correntes de um país é a base do CBU.

Alguns resultados do congresso de 1977 com relação à implantação de bibliografias nacionais foram observados:

muitas bibliografias foram criadas com base nas recomendações feitas na época, embora, em países menos desenvolvidos, algumas tenham desaparecido e outras tenham tido dificuldade em se manter regulares. Observou-se também, como resultado do compartilhamento da responsabilidade pelo depósito legal, a tendência de descentralização da produção da bibliografia nacional, assumindo a Agência Bibliográfica Nacional o papel de coordenadora.

Atualmente é comum a disponibilização *online* das bibliografias nacionais em países em que elas já estão consolidadas. Em outros, verifica-se que as versões impressas das bibliografias tendem a desaparecer. Nesses países, geralmente por limitações financeiras, as bibliotecas nacionais utilizam o recurso de disponibilizar seu catálogo *online* e interrompem a publicação da bibliografia nacional. Assim, embora haja a vantagem do acesso ao acervo completo da instituição, os registros da produção bibliográfica do país ficam diluídos na base de dados, perdendo-se o conceito de bibliografia nacional.

Material a ser incluído

A ampla abrangência recomendada na captação dos materiais via depósito legal se repete com relação à sua inclusão na bibliografia nacional. Assim, recomendou-se que se incluíssem materiais impressos, além de materiais não bibliográficos, como mapas, partituras e audiovisuais. Mantém-se o mesmo princípio para a inclusão de documentos eletrônicos e *online*. Para os últimos será necessário abandonar o modelo tradicional de bibliografia nacional, buscando soluções técnicas adequadas, baseadas na natureza peculiar desses materiais. Em 1977, reconhecendo as dificuldades que muitos países teriam para produzir uma bibliografia nacional abrangente, a UNESCO sugeriu como parâmetro mínimo que se incluíssem monografias e primeiros fascículos de periódicos.

Ao longo do tempo, observa-se mudança na forma de recomendar que materiais a bibliografia deve incluir. Em 1982, sugeriram-se *níveis* de inclusão, propondo-se um esforço para aumentar os patamares de cobertura da bibliografia. Os níveis recomendados foram:

Nível 1: Monografias
  Periódicos (primeiros fascículos e títulos alterados)
  Publicações governamentais

Nível 2: Música impressa
  Material cartográfico
  Normas
  Patentes
  Dissertações
  Anais
  Relatórios técnicos

Nível 3: Artigos
  Ilustrações
  Reproduções de arte
  Posters
  Literatura comercial
  Publicações estrangeiras da coleção nacional
  Fitas sonoras
  Discos
  Registros em vídeo
  Filmes
  Publicações em Braille
  Microformas
  Slides
  Outros materiais audiovisuais e legíveis por máquina

Embora a exaustividade constitua um dos princípios do CBU, no sentido de não haver julgamento sobre o valor intrínseco dos documentos, percebe-se que, mesmo no que diz respeito aos materiais tradicionais, a manutenção da exaustividade na captação e na preservação tornou-se praticamente inviável. Atualmente com a proliferação de materiais, especialmente de documentos *online*, propõe-se a exaustividade racional ou razoável, isto é, baseada no estabelecimento de critérios de seleção, como, por exemplo, priorizando a captação de materiais que, tendo sido substituídos por versões *online*, já eram incluídos na bibliografia nacional na sua versão anterior, garantindo, assim, a continuidade de sua preservação e evitando que o acesso a esse material seja interrompido.

Outro aspecto a ser considerado com relação à inclusão do material *online* diz respeito a certas características específicas que o distinguem dos documentos estáticos. O registro bibliográfico permanente destes últimos não representa problema já que qualquer modificação que ele sofra é tratada como novo documento que é novamente registrado. *Sites* da internet são dinâmicos, sofrendo modificações constantes, podendo também ser fragmentados em ambiente onde todo ele, ou parte, existe apenas como resultado de utilização específica, como as buscas rápidas, por exemplo. Assim, por causa dessa impermanência e volatilidade é o *site* como um todo que representa o melhor equivalente a uma unidade física para fins de identificação. Portanto, apenas o *site* seria catalogado e listado na bibliografia. Maior especificidade na recuperação da informação seria garantida com o uso de mecanismos de busca.

Formato

O formato impresso para a bibliografia nacional foi recomendado em 1977 e novamente em 1992, uma vez que a UNESCO e, posteriormente a IFLA, reconheceram que seria esse o formato adequado e possível na época para a maioria dos países.

Na Conferência de 1998, tendo em vista que os formatos eletrônicos e a disponibilização de informação via internet já constituíam uma realidade em muitos países, recomendou-se que a bibliografia nacional fosse apresentada em um ou mais formatos, de acordo com as necessidades de seus usuários, garantindo sua preservação e acesso permanente a ela.

Conteúdo e arranjo dos registros

Os registros catalográficos que formam a bibliografia nacional são considerados dados "oficiais" de identificação das publicações, devendo, portanto, servir de base para a elaboração dos catálogos das bibliotecas do país.

Segundo as recomendações de 1977, além de corretos, os registros devem ser completos, seguindo padrões internacionais de descrição catalográfica, especialmente as ISBDs. Os nomes dos autores (pessoais e entidades coletivas) devem ser normalizados de acordo com o sistema adotado pela Agência Bibliográfica Nacional.

Hoje, alguns autores já questionam a necessidade de registros completos para todos os materiais, argumentando que a bibliografia nacional poderia reduzir o nível de descrição, o que resultaria em maior rapidez de divulgação, ao mesmo tempo em que minimizaria o problema dos recursos financeiros que estão cada dia mais escassos, em oposição ao volume de material publicado, que vem aumentando sistematicamente. Registros completos poderiam ser fornecidos por outras fontes, tais como empresas ou organizações bibliográficas especializadas e serviços *on-line*. A bibliografia nacional funcionaria como fonte inicial, a partir da qual outros serviços bibliográficos produziriam seus registros.

Há consenso de que os documentos *online* representam parte da herança cultural do país e, portanto, a recomendação é que eles sejam captados, identificados e preservados pelas bibliotecas nacionais, resultando daí modificações na bibliografia nacional, que precisará adaptar-se às características de volatilidade desses materiais. Na bibliografia nacional tradicional, não há ligação direta entre o registro bibliográfico e o documento físico, a não ser o fato de que o último exista em alguma biblioteca, mesmo muito tempo após sua publicação. Isso obriga o usuário a passar por duas etapas de busca: identificação do documento e obtenção de um exemplar. Na internet há um acesso imediato, tornando desnecessária a existência de aparato como a bibliografia, no caso de necessidade de acesso rápido. Assim, entende-se que o valor da bibliografia nacional repousará na sua capacidade de cobertura retrospectiva, isto é, de manter para a posteridade *sites* que possam mesmo ter sido indisponibilizados por seus produtores.

Bibliografias comerciais

As recomendações da UNESCO e da IFLA pressupõem a elaboração da bibliografia nacional com base no depósito legal e, portanto, sob responsabilidade governamental, existindo um órgão específico encarregado de sua produção. Entretanto, em alguns países, geralmente naqueles em que a atividade editorial possua longa tradição, os próprios editores encarregaram-se de produzir instrumentos bibliográficos que, com o passar do tempo, acabaram assumindo algumas das funções da bibliografia nacional. São as bibliografias comerciais, criadas com finalidade de divulgar publicações. Essas bibliografias não se preocupam com a função de preservação da herança cultural do país, incluindo, portanto, apenas os títulos que podem ser adquiridos pelos canais comerciais normais. Assim, são excluídos documentos, tais como teses e dissertações, relatórios técnicos e publicações governamentais e outros, que não estejam disponíveis para venda no mercado editorial.

A origem das bibliografias comerciais data de antes da invenção da imprensa, quando os copistas profissionais elaboravam cartazes para divulgar seus manuscritos, que eram afixados em portas de igrejas, universidades, tavernas e outros locais frequentados pelos "livreiros" da época.

Após a invenção da imprensa, os cartazes passaram a ser impressos, mas sua distribuição continuou como antes. Mais tarde, com o desenvolvimento do comércio livreiro, os cartazes foram substituídos pelas listas de livros que eram distribuídas de mão em mão ou inseridas em livros comercializados nas famosas feiras europeias.

Catálogos mais completos e sofisticados – consequência natural da profissionalização da atividade livreira – surgiram a partir de 1564, quando Georg Willer (1515-1594), livreiro de Augsburg (Alemanha), lançou um catálogo que relacionava e descrevia 256 livros por ele comercializados. Até 1592, Willer continuou editando seu catálogo duas vezes por ano. Essas publicações foram consideradas um avanço no comércio livreiro, pois atingiam um público potencial bem maior.

Buscando divulgar com maior presteza os títulos lançados no mercado, surgiram as bibliografias comerciais propriamente ditas, que se desenvolveram em países em que havia comércio livreiro forte e bibliotecas que possuíam políticas de aquisição estáveis, além de recursos financeiros que as colocavam na posição de grandes consumidoras de livros.

É o caso dos Estados Unidos, onde foram lançadas as bibliografias comerciais de maior sucesso que, até o presente, suprem as necessidades de identificação de livros novos em inglês: o *Cumulative Book Index*, iniciado em 1898, pela editora Wilson, e o *Books in Print*, em 1948, pela editora Bowker. Ambos constituem empreendimentos bibliográficos de grande fôlego, que utilizam avançadas tecnologias de produção e distribuição e assumem, pode-se dizer, funções de uma bibliografia nacional.

Terceirização

A terceirização é outra forma de publicação da bibliografia nacional e começou a ser utilizada na Dinamarca, cuja bibliografia é elaborada por empresa privada, mediante contrato com o ministério da cultura, responsável legal pela tarefa. Esse arranjo começou em 1991, quando o referido ministério repassou a uma empresa de propriedade da editora Gyldendal a tarefa de produzir a bibliografia nacional. O contrato previa requisitos concretos e mensuráveis para a produção da bibliografia: critérios de inclusão, forma e nível dos registros bibliográficos, prazo para publicação, formas de colaboração, preço e direitos de propriedade dos registros. O contrato permitia, portanto, o controle e a avaliação de desempenho da empresa, e sua renovação era feita por meio de concorrência pública em que as instituições interessadas eram obrigadas a comprovar que tinham condições de realizar o trabalho.

Bibliografia nacional no Brasil

A origem da bibliografia nacional brasileira está no *Boletim das Acquisições mais Importantes Feitas pela Bibliotheca Nacional*, publicação organizada pelo bibliotecário João de Saldanha da Gama (1835-1889) a partir de 1886, que precedeu a fase formal da bibliografia nacional no país. O Boletim era ordenado de acordo com as seções em que estava organizada a Biblioteca Nacional: impressos, manuscritos, estampas e numismática. A seção de impressos era classificada de acordo com o sistema de Jacques-Charles Brunet, indicando, portanto, um avanço técnico para a época. Entretanto, dois anos depois de iniciado o Boletim foi interrompido.

A promulgação do Decreto 1825 de 20/12/1907, que dispunha sobre o depósito legal de obras na Biblioteca Nacional, deu ensejo ao aparecimento da bibliografia nacional brasileira propriamente dita, já que seu Artigo 5 previa a publicação regular de um "boletim bibliográfico", com a finalidade de registrar as aquisições feitas pela Biblioteca Nacional em virtude do referido decreto. Entretanto, a criação do boletim só ocorreu em 1918. Sob o título de *Boletim Bibliográfico da Biblioteca Nacional*, essa publicação marcou o início da produção oficial da bibliografia nacional brasileira, cuja trajetória foi pontilhada por interrupções, atrasos e alterações. Embora sustentada pela legislação de depósito legal, a Biblioteca Nacional não conseguiu manter a produção regular e atualizada do Boletim que, apesar de tudo, sobreviveu até 1982, quando teve seu título mudado para *Bibliografia Brasileira*. Nessa nova fase se manteve durante 10 anos, até 1993, quando foi novamente interrompida e assim continua até o momento. Esse fato confirma a tendência, já observada, de desaparecimento da versão impressa das bibliografias nacionais e a disponibilização dos catálogos das bibliotecas nacionais na internet. No caso do Brasil, embora a Biblioteca Nacional ressalte sua função de depositária e de preservadora da memória intelectual nacional, ela não parece considerar importante a manutenção da bibliografia nacional como registro dessa memória. É claro que o catálogo *online* é um avanço em termos de acesso ao acervo da instituição, mas não substitui a bibliografia nacional. Assim, a divulgação sistemática e corrente da produção editorial do país continua sem política clara, pois a Biblioteca Nacional não se preocupou em informar a seus usuários sobre a interrupção da *Bibliografia Brasileira*, que já completa 10 anos de ausência.

A falta sistemática de projeto consistente para a bibliografia nacional ensejou o aparecimento de inúmeras iniciativas desenvolvidas por outros órgãos governamentais e editoras comerciais que tentaram realizar a tarefa de inventariar a produção editorial brasileira. O resultado foi um panorama bibliográfico caótico, onde se misturaram problemas como interrupção, irregularidade e atraso de publicação. Por outro lado, verificaram-se casos de duplicação, revelando pouca preocupação em reunir esforços para produzir um trabalho de controle bibliográfico planejado e consistente.

O INL foi uma dessas instituições. Publicou, a partir de 1938, a *Bibliografia Brasileira*, que durou até 1966. De 1956 a 1964 publicou a *Bibliografia Brasileira Corrente*, como apêndice da *Revista do Livro*. Passou em seguida (1967) a publicar a *Bibliografia Brasileira Mensal*, suspensa em 1972. Assim, em 34 anos, a atividade bibliográfica do INL duplicou o trabalho da Biblioteca Nacional, refletindo a falta de planejamento e cooperação que sempre marcou o panorama da bibliografia nacional no Brasil. Casualmente, o trabalho do INL complementou o trabalho da Biblioteca Nacional em alguns períodos em que seu Boletim Bibliográfico esteve interrompido.

No que diz respeito às bibliografias com finalidade comercial, houve várias tentativas de produção, tanto por iniciativa de uma associação de editores, como por editoras individualmente. Essa atuação teve início a partir de 1963, quando o SNEL iniciou a produção de *Edições Brasileiras*, que se manteve até 1966, substituída em 1968 pela

Resenha Bibliográfica, publicada até 1972. Esta por sua vez foi seguida pelo *Resumo Bibliográfico*, que encerrou publicação definitivamente em 1977.

Várias editoras investiram na produção de bibliografias. A Estante Publicações com o apoio do SNEL, publicou o *Boletim Bibliográfico Brasileiro*, de 1952 a 1964. A editora Vozes e a J. Heydecker publicaram respectivamente a *Bibliografia Classificada* (de 1968 a 1969) e *Livros Novos* (de 1972 a 1981). O *Catálogo Brasileiro de Publicações*, da Editora Nobel, teve início em 1980 e foi uma bibliografia comercial disponibilizada amplamente em diversos formatos. Teve sua política de publicação modificada e, atualmente, é direcionada apenas ao mercado livreiro. Pode-se observar, pela sua duração, que esses empreendimentos não foram bem-sucedidos.

Assim, o conceito de bibliografia nacional foi assimilado no Brasil, que há mais de um século vem se esforçando para manter registros da produção editorial do país, na tentativa de propiciar o acesso a essa fonte de conhecimento. Do ponto de vista técnico, esses registros refletem a preocupação da classe bibliotecária em trabalhar com os instrumentos mais modernos disponíveis. Os problemas se concentram nas questões políticas que envolvem destinação de verbas (o que traz problemas de interrupção, irregularidade e atraso de publicação). Depois de mais de um século de experiências acumuladas na produção de bibliografias nacionais, o Brasil carece de projeto que defina com clareza como será concretizada a divulgação da memória bibliográfica nacional. A Biblioteca Nacional, que exerceu papel importante de liderança no controle bibliográfico nacional, parece não possuir os recursos necessários para manter essa função e o modelo proposto pela UNESCO parece estar esgotado no que diz respeito a essa questão.

O novo modelo exigiria maior integração e colaboração entre a ABN e o setor editorial, bem como outros serviços bibliográficos que surgem no cenário informacional com funções semelhantes, como o Bibliodata. Assim, a ABN não constitui a única organização de fornecimento de registros bibliográficos, devendo, em alguns países competir com o setor privado, que mostra maior agilidade na produção dos registros.

A busca de modelos alternativos para o controle bibliográfico e especificamente para a bibliografia nacional incluirá o envolvimento de outras instituições interessadas na preservação da cultura do país, representadas pelos arquivos, museus, centros de memória, centros de referência, enfim, uma gama de instituições que vem desenvolvendo tarefas semelhantes, embora não idênticas às da ABN.

Referências

ALKULA, R.; LAITINEN, S. *Ideas for the future development of national bibliographies*. NORDINFO (Nordic Council for Scientific Information), 2000. Disponível em: <http://www.nordinfo.helsinki.fi/publications/nordnytt/nnytt4_94/alkula.htm> Acesso em: 04/11/2004.

BEAUDIQUEZ, M. National bibliographic services at the dawn of the 21st century: evolution and revolution. In: INTERNATIONAL CONFERENCE ON NATIONAL BIBLIOGRAPHIC SERVICES, 1998, COPENHAGEN. [*Papers*]. Copenhagen: IFLA UBCIM, 1998. Disponível em: <http://www.ifla.org/VI/3/icnbs/beam.htm> Acesso em: 12/01/2005.

BEAUDIQUEZ, M. National bibliography as witness of national memory. *IFLA Journal*, v. 18, n. 2, p. 119-123, 1992.

BEAUDIQUEZ, M. The perpetuation of national bibliographies in the new virtual information environment. *IFLA Journal*, v. 30, n. 1, p. 24-30, 2004.

BEAUDIQUEZ, M. What will be the usefulness of national bibliographies in the future? *IFLA Journal*, v. 28, n. 1, p. 28-30, 2002.

BELL, B. National bibliography today as national memory tomorrow: problems and proposals. *International Cataloguing & Bibliographic Control*, v. 21, n. 1, p. 10-12, 1992.

BINNS, N. E. The development of book trade bibliography. In: BRENNI, V. J. *Essays on bibliography*. Metuchen, N. J.: Scarecrow, 1975. p. 77-84.

BLAKE, A. V. A. S. *Diccionario Bibliographico Brazileiro*. Rio de Janeiro: Typographia Nacional, 1883. 7 v.

CALDEIRA, P. T.; CARVALHO, M. L. B. o problema editorial da bibliografia brasileira corrente. *Revista Brasileira de Biblioteconomia e Documentação*, São Paulo, v. 13, n. ¾, p. 210-216, 1980.

FONSECA, E. N. Bibliografia brasileira corrente: evolução e estado atual do problema. *Ciência da Informação*, Brasília, v. 1, n. 1, p. 9-14, 1972.

FONSECA, E. N. Precursores da bibliografia brasileira. *Estudos Universitários*, v. 9, n. 4, p. 69-73, 1969.

HADDAD, P. National bibliography in Australia: moving into the next millenium. *International Cataloguing & Bibliographic Control*, v. 29, n. 2, p. 31-32, 2000.

INTERNATIONAL CONFERENCE ON NATIONAL BIBLIOGRAPHIC SERVICES, 1998, COPENHAGEN. *The final recommendations of the International Conference on National Bibliographic Services*. Copenhagen: IFLA, 1998. Disponível em: <http://www.ifla.org/VI/3/icnbs/fina.htm> Acesso em: 12/01/2005.

INTERNATIONAL CONGRESS ON NATIONAL BIBLIOGRAPHIES, Paris, 1977. *The national bibliography: present role and future developments*. Paris: UNESCO/IFLA, 1977.

LINDER, R. H. National bibliography. In: BRENNI, V. J. *Essays on bibliography*. Metuchen, N. J.: Scarecrow, 1975. p. 216-229.

MANSILLA, E. V. Report, conclusions, recommendations and resolutions. In: SEMINAR ON UNIVERSAL BIBLIOGRAPHIC CONTROL, 1993, Rio de Janeiro. *International Cataloguing & Bibliographic Control*, v. 22, n. 3, p. 39-41, 1993.

WANECK, K. Managing the national bibliography in a non-governmental institution. *Library Management*, v. 15, n. 7, p. 6-9, 1994.

Padronização da descrição bibliográfica

A DESCRIÇÃO DAS características dos documentos que formam as coleções das bibliotecas e bases de dados, – processo que na Biblioteconomia é denominado "catalogação" – tem sido a maneira mais tradicional para identificá-los, permitindo, juntamente com outros processos biblioteconômicos, sua recuperação precisa.

Os catálogos de bibliotecas existiram desde a Antiguidade. O *Pinakes*, por exemplo, compilado por Calímaco (315-245 a.C.), bibliotecário da antiga biblioteca de Alexandria, é considerado o primeiro catálogo de biblioteca. Ocupava 120 volumes e era organizado por ordem alfabética de autor, incluindo uma breve biografia de cada um.

O conteúdo e a forma das descrições variaram durante muito tempo, e as fichas ou os registros catalográficos eram elaborados de acordo com o ponto de vista do catalogador ou do bibliógrafo.

Tentativas de se uniformizar a descrição dos livros tiveram início quando Andrew Maunsell (-1596), o livreiro considerado o primeiro bibliógrafo inglês, publicou em 1595, o *Catalogue of English Printed Books*, no qual procurou reunir todos os livros publicados em inglês, especialmente livros eclesiásticos. Nessa obra, Maunsell incluiu várias regras para descrição das obras: definiu a entrada dos autores pessoais pelo sobrenome, estabeleceu princípios de entrada uniforme para a Bíblia, defendeu a ideia de que um livro seja encontrado tanto pelo sobrenome do autor como pelo título, tradutor e assunto, incluiu como elementos de descrição o tradutor, o impressor ou a pessoa para a qual o livro foi impresso, data e número do volume, fixando, portanto, as primeiras regras de catalogação.

A partir daí, ficou evidente a necessidade de regras para a catalogação, que garantissem a uniformidade do processo. A primeira tentativa de uniformização no nível nacional ocorreu em 1791, quando surgiu o primeiro código nacional de catalogação na França, demonstrando o interesse do governo em padronizar a organização das bibliotecas do país. Outra tendência foi o aparecimento de catálogos impressos de grandes bibliotecas, que ajudaram a consolidar os procedimentos de descrição bibliográfica. Alguns indivíduos que concorreram para o avanço na padronização da catalogação foram Anthony Panizzi (1797-1897), Charles Jewett (1816-1868) e Charles Ami Cutter (1837-1903), cada um deles oferecendo determinada contribuição. Panizzi, bibliotecário do British Museum, compilou, em 1841, as chamadas "91 regras", baseadas no princípio de que a catalogação deveria ser feita considerando-se a obra (unidade literária) e não o livro (unidade física). Jewett, bibliotecário da Smithonian Institution, adotou e aperfeiçoou as regras de Panizzi, estabelecendo padrões para entrada de autor. Cutter publicou, em 1876, as *Rules for a Dictionary Catalogue*, consolidando o conhecimento prático sobre catalogação e estabelecendo as funções a serem desempenhadas pelos catálogos.

O papel de algumas instituições também deve ser lembrado, como, por exemplo, a American Library

Association (ALA) e a Library Association (da Inglaterra) que empreenderam esforços conjuntos para a criação de regras de descrição bibliográfica, que resultaram no mais conhecido e utilizado código de catalogação do mundo: o *Anglo-American Cataloguing Rules* (AACR).

A Library of Congress e seu serviço centralizado de fichas catalográficas, que teve início em 1901, também exerceram influência no desenvolvimento da padronização da catalogação, contribuindo de forma prática para a consolidação das regras. Esse aspecto prático da catalogação era criticado por alguns autores que percebiam a necessidade de atribuir dimensão teórica às regras catalográficas. Isso foi feito especialmente através dos estudos de Seymour Lubetzky (1898-2003), o principal teórico da catalogação, cujo trabalho *Cataloguing Rules and Principles,* publicado em 1953, serviu de base para as discussões que ocorreram por ocasião da Conferência Internacional sobre Princípios de Catalogação, que marcou o início da padronização da catalogação no nível internacional.

A Library of Congress também foi responsável pela introdução de formatos bibliográficos para uso em bases de dados eletrônicas, desenvolvendo o MARC na década de 1960. O MARC teve grande aceitação, possibilitando a rápida catalogação de milhares de documentos para disponibilização eletrônica. Foi adaptado para uso em diversos países: Reino Unido (UK-MARC), Espanha (Iber-MARC), Canadá (Canadian MARC) e no Brasil (CALCO - Catalogação Legível por Computador).[14]

---

[14] O CALCO foi adaptado da versão MARC II, pela bibliotecária Alice Príncipe Barbosa. Disponibilizado em 1973, foi adotado pelo projeto de catalogação cooperativa Bibliodata/CALCO (hoje denominado Rede Bibliodata), coordenado pela Fundação Getúlio

Estava, portanto, preparado o caminho para padronizar a descrição no nível mundial. Discussões nesse sentido tiveram início na década de 1960, coincidindo com o começo da aplicação da informática nos processos biblioteconômicos. A Conferência Internacional sobre Princípios de Catalogação,– organizada pela IFLA e patrocinada pela UNESCO, – reuniu em Paris, em 1961, especialistas que produziram o documento conhecido como *Statement of Principles*, que estabeleceu um conjunto de princípios de catalogação, dando início ao estabelecimento de um consenso que possibilitou a compatibilização dos códigos catalográficos de diversos países. Outro marco na evolução da padronização da descrição bibliográfica foi a Reunião Internacional de Especialistas em Catalogação, também organizada pela IFLA, que ocorreu em Copenhagen, em 1969 e que resultou em proposta para o estabelecimento de normas internacionais para a forma e conteúdo da descrição bibliográfica.

Uma das questões mais discutidas foi a duplicação de trabalho na catalogação de publicações correntes. As discussões se basearam em dois documentos: uma edição comentada do *Statement of Principles*, de A. H. Chaplin e Dorothy Anderson e estudo de Michael Gorman, da British Library, que comparava dados de oito bibliografias nacionais, considerando conteúdo, estrutura e pontuação dos registros, ficando patente sua diversidade.

Como resultado das discussões de 1969, chegou-se ao consenso com relação aos seguintes pontos:
- cada país deveria possuir uma bibliografia nacional ou serviço de catalogação que se responsabilizaria pela catalogação de todas as obras nele publicados;

Vargas. Atualmente o CALCO está passando por modificações que levarão ao BR-MARC.

- todos os países deveriam concordar com determinado padrão de descrição bibliográfica, concordância que se limitava à parte descritiva, não incluindo as formas de entrada;
- considerando que o intercâmbio de dados poderia ser feito em formato legível por computador, a adoção de pontuação padronizada, que tornasse claramente delimitados os campos de dados da descrição, era necessária para esse processo.

Criou-se um grupo de trabalho, com participantes de diversos países, que redigiram um documento-base, discutido exaustivamente em sucessivas reuniões, até tornar-se um texto passível de aceitação internacional. A primeira norma resultante foi a *International Standard Bibliographic Description for Monographic Publications*, a ISBD(M), publicada em 1971, que foi logo incorporada pelas bibliografias nacionais da Alemanha e do Reino Unido.

Em 1976 criou-se a *General International Standard Bibliographic Description*, a ISBD(G), que constituiu a base para a elaboração de normas aplicáveis a diversos tipos de documentos. A partir daí, foram elaboradas normas para:

- publicações seriadas – ISBD(S), substituída pela ISBD (CR) para periódicos e outros recursos contínuos;
- material cartográfico – ISBD (CM);
- materiais não bibliográficos – ISBD (NBM);
- partituras musicais – ISBD (PM);
- obras raras – ISBD (A);
- recursos eletrônicos – ISBD (ER);
- arquivos de computador – ISBD (CF).

Passados quase 50 anos, percebe-se mudança significativa no contexto da atividade catalográfica, representada principalmente pelo desenvolvimento de serviços automatizados de criação e processamento de dados bibliográficos e pelo aparecimento de grandes bases de dados, nacionais e internacionais, de catalogação cooperativa. Essas tendências são movidas não apenas pelas novas oportunidades técnicas disponíveis, mas também por questões ligadas ao custo da catalogação que, embora seja preocupação antiga dos bibliotecários (podendo ser percebida já no século XIX, com os primeiros esforços para a criação de serviços de catalogação na fonte e de catalogação cooperativa), torna-se fundamental na atualidade.

O resultado tem sido a simplificação da catalogação, com a utilização de níveis mínimos de descrição por muitas bibliotecas. Entretanto, continua a preocupação com a qualidade e com a padronização da descrição bibliográfica, e a IFLA vem desenvolvendo estudos para garanti-las. Nesse sentido, a instituição promoveu a elaboração dos Functional Requirements for Bibliographic Records (FRBR), com o objetivo de propor um nível básico de funcionalidade para os registros criados pelas agências bibliográficas nacionais.

Os FRBR não são formatos para catalogação, mas sim referencial teórico atualizado para orientar a elaboração de formatos de descrição que sejam mais úteis para as diversas categorias de usuários dos catálogos. Utiliza-se uma abordagem baseada no usuário para analisar os requisitos da descrição bibliográfica e, a partir da análise, define de forma sistemática os elementos que o usuário espera encontrar no registro bibliográfico.

Os FRBR permitem identificar com clareza os elementos da descrição bibliográfica que possam ser de interesse para seus usuários. Utilizam técnica de análise que isola os elementos e identifica as características ou atributos de cada um deles, bem como as relações entre aqueles que sejam mais importantes para os usuários na formulação de buscas.

Desde o surgimento da internet, os bibliotecários vêm percebendo a necessidade de se encontrarem outros meios, além daqueles fornecidos pelos motores de busca da *web*, para recuperar com mais eficácia os documentos disponibilizados na rede. Surgem, então, formatos que possibilitam a descrição de documentos digitais, formatos que estão sendo chamados de "metadados", ou seja, dado sobre um dado ou informação sobre uma informação.

Vários formatos para a catalogação de documentos da internet estão sendo desenvolvidos e começam a ser implantados por sistemas de informação. A utilização desses formatos permitirá que os registros de documentos *online* sejam compatíveis com bases de dados já existentes e mais visíveis pelos mecanismos de busca da rede. Um dos mais conhecidos desses formatos é o Dublin Core, desenvolvido por um consórcio de instituições produtoras de informação, cuja diretoria está sediada no setor de pesquisas do Online Computer Library Center (OCLC). O programa reúne diversas categorias de profissionais como bibliotecários, analistas, linguistas, museólogos e outros. O Dublin Core baseia-se no princípio de que a descrição do documento deve ser elaborada por seu próprio produtor ou criador. E, de fato, a estrutura do Dublin Core é suficientemente simples para permitir que a descrição seja feita por pessoas sem conhecimento de catalogação. A versão original do Dublin Core inclui 15 elementos.

1. Título: nome pelo qual o documento é formalmente conhecido.
2. Criador: entidade responsável pela criação do conteúdo do documento, que pode ser uma pessoa, uma organização ou um serviço.
3. Assunto: expresso geralmente por palavras-chave, frases ou um código de classificação que descreve

o assunto do documento; deve ser extraído de um vocabulário controlado ou de um sistema formal de classificação.
4. Descrição: informação sobre o conteúdo do documento, que pode ser representada por resumo, sumário, ilustração gráfica ou outra.
5. Produtor: entidade responsável pela disponibilização do documento; pode ser uma pessoa, uma organização ou um serviço.
6. Colaborador: entidade responsável por contribuições ao documento; pode ser uma pessoa, uma organização ou um serviço.
7. Data: relacionada a um evento no ciclo de vida do documento; geralmente corresponde à data de criação ou disponibilização.
8. Tipo: natureza ou gênero do conteúdo do documento; inclui termos que descrevem a categoria, o gênero ou o nível de agregação de valor do conteúdo. Deve ser extraído de vocabulário controlado.
9. Formato: manifestação física ou digital do documento; pode incluir o tipo de mídia ou dimensões do documento, como por exemplo, tamanho e duração. Pode ser usado para descrever o *software*, o *hardware* ou outro equipamento necessário para exibir ou operar o documento. Deve ser extraído de vocabulário controlado, como por exemplo, o Internet Mídia Types.
10. Identificador: símbolo que identifica o documento sem ambiguidade; deve ser extraído de um sistema formal como Uniform Resource Identifier (URI) que inclui o URL, Digital Object Identifier (DOI) ou International Standard Book Number (ISBN).

11. Fonte: referência ao documento do qual aquele documento deriva; deve-se referenciar a fonte usando código identificador formal.
12. Idioma: língua em que está o conteúdo intelectual do documento; deve-se usar o RFC[15] 1766 (*Tags for the Identification of Languages*), que consiste tem um código de língua formado por duas letras, retirado da norma ISO 639.
13. Relação: referência a documentos relacionados; devem-se usar códigos retirados de sistemas de identificação formal.
14. Cobertura: extensão ou âmbito do documento, que inclui a localização espacial (nome de um lugar ou coordenadas geográficas), o período temporal (data ou período coberto), a jurisdição (entidade administrativa). Deve-se retirar os dados de um vocabulário controlado, como, por exemplo, o *Thesaurus of Geographic Names*.
15. Direitos: informações sobre os direitos autorais do documento; consiste geralmente numa declaração sobre o detentor dos direitos.

O número de elementos da descrição pode variar, dependendo do nível de sofisticação desejado. A Empresa Brasileira de Pesquisa Agropecuária (Embrapa), por exemplo, no seu Banco de Imagens-Rural Media, utiliza o Dublin Core acrescentando três elementos: categoria (número de classificação), identificador (sistema de identificação

---

[15] Os RFCs (Requests for Comments) constituem uma série de documentos técnicos e operacionais sobre o funcionamento da internet. Tiveram início em 1969, com a finalidade de discutir diversas questões sobre a rede, tais como protocolos, procedimentos, programas e conceitos.

numérica) e contato (nome e e-mail da pessoa ou instituição à qual o recurso está vinculado). Outros formatos de metadados semelhantes ao Dublin Core, mas com finalidades específicas são: Government Information Locator Service (para informações governamentais), Federal Data Geographic Committee (para dados geo-espaciais), Consortium for the Interchange of Museum information (para informações museológicas).

Nos últimos anos, modificou-se radicalmente o contexto da catalogação. Em primeiro lugar, houve o aparecimento de grandes serviços de catalogação automatizados que operam em bases comerciais, buscando meios de diminuir os custos do processo, que passam pela simplificação do registro. Em segundo lugar, as mudanças dizem respeito ao aparecimento de novas formas de registro do conhecimento, ligadas ao ambiente digital, que precisam ser incluídas nos códigos de catalogação. Finalmente, há o consenso de que as regras catalográficas devem considerar principalmente a maneira como o usuário busca a informação. Percebe-se que tudo isso tem sido levado em consideração nos estudos que a comunidade biblioteconômica vem empreendendo. O desafio consiste em buscar formas mais criativas de registro da informação que atendam às diferentes necessidades de busca e, ao mesmo tempo, resolvam as questões econômicas. A catalogação tradicional já mostrou o seu potencial de permitir identificação de materiais de biblioteca. Agora, ela tem de procurar o seu espaço entre outras formas de recuperação da informação que surgem ou se modificam no ambiente digital que são basicamente: a) os motores de busca da internet, que operam com base nas palavras do texto, e b) processos tais como resenhas literárias, índices de citação, sugestões de leitura, listas dos mais vendidos, comentários de leitores, que relacionam o documento a diversos contextos e que, no formato digital adquirem nova perspectiva.

Assim, percebe-se que a catalogação terá de operar em ambiente mais amplo do que o da biblioteca tradicional. Os catalogadores deverão compreender a infraestrutura tecnológica que está influenciando o desenvolvendo de novos processos sociais e, ao mesmo tempo, oferecer sua contribuição baseada em séculos de experiência com usuários de biblioteca.

Padronização da catalogação no Brasil

A questão das regras catalográficas esteve presente desde o início da atividade bibliotecária no Brasil, por volta da década de 1920. Dois códigos estrangeiros influenciaram a catalogação nas bibliotecas do país, bem como a formação dos bibliotecários. O código da ALA, – que posteriormente se transformaria no AACR2 –, foi introduzido por influência da professora norte-americana Muriel Guedes, coordenadora do primeiro curso de Biblioteconomia do país, no Colégio Mackenzie de São Paulo, criado em 1929. O código da Biblioteca Vaticana, que já possuía uma versão em espanhol, era usado na Biblioteca Nacional e no antigo Departamento Administrativo do Serviço Público (DASP), que mantinha o Serviço de Intercâmbio de Catalogação (SIC).

Houve várias tentativas para a elaboração de um código brasileiro. A primeira ocorreu quando, em 1943, o DASP, juntamente com a Biblioteca Nacional e o Instituto Nacional do Livro, produziram o documento *Normas para Organização de um Catálogo Dicionário de Livros e Periódicos* (projeto de um código de catalogação). Ao longo do tempo, outras iniciativas foram tomadas no âmbito da comunidade bibliotecária, mas sem sucesso. Ao mesmo tempo, a utilização dos códigos estrangeiros já mencionados foi-se consolidando e a tradução desses para o português[16] tornou irrelevantes outras iniciativas de se elaborar um código brasileiro. Aos poucos, o código da Biblioteca Vaticana foi sendo substituído pelo AACR2, que atualmente é utilizado pela maior parte das bibliotecas brasileiras, estando definitivamente eliminadas as possibilidades de o país possuir um código de catalogação próprio.

Mas mesmo assim, o Brasil esteve presente em todos os eventos que marcaram a busca pela padronização da descrição bibliográfica no nível mundial, desde a Conferência de Paris, em 1961, divulgando para a comunidade local as inovações introduzidas no âmbito internacional. Vários documentos produzidos pela IFLA sobre as ISBDs foram traduzidos para o português, por iniciativa da Associação Paulista de Bibliotecários (APB) e pela Federação Brasileira de Associações de Bibliotecários, Cientistas da Informação e Instituições (FEBAB). A Biblioteca Nacional começou a adotar as ISBDs em sua *Bibliografia Brasileira* em 1984, seguida da *Oficina de Livros* (CBL) e *Bibliografia de Publicações Oficiais Brasileiras* (Câmara dos Deputados).

Com relação aos formatos automatizados, pode-se dizer que o MARC tem ampla aceitação; muitas bibliotecas o utilizam e várias publicações em português têm permitido sua introdução em disciplinas de cursos de graduação em Biblioteconomia.

Algumas experiências de catalogação de documentos *online*, utilizando o Dublin Core, começam a ser relatadas

---

[16] Com o título de *Normas para catalogação de Impressos*, o código da Biblioteca Vaticana teve duas edições no Brasil: a primeira em 1949 e a segunda em 1962, sob a responsabilidade do IBBD. O AACR2 teve sua primeira edição no Brasil em 1983/1985. Em 2005 foi lançada a segunda edição brasileira, com o título *Código de Catalogação Anglo-Americano (CCAA)*, sob a responsabilidade da FEBAB.

na literatura da área, revelando o interesse dos bibliotecários brasileiros com os processos mais avançados disponíveis para a catalogação de recursos informacionais.

Referências

CUNHA, M. L. M. ISBD: origem, evolução e aceitação. *Revista Brasileira de Biblioteconomia e Documentação*, São Paulo, v. 12, n. ½, p. 7-14, 1979.

FIUZA, M. M. Funções e desenvolvimento do catálogo: uma visão retrospectiva. *Revista da Escola de Biblioteconomia da UFMG*, Belo Horizonte, v. 9, n. 2, p. 139-158, 1980.

INTERNATIONAL FEDERATION OF LIBRARY ASSOCIATIONS AND INSTITUTIONS. *Functional Requirements for Bibliographic Records*: final report. 1998. Disponível em: <http://www.ifla.org/VII/s13/frbr/frbr.htm> Acesso em: 14/01/2005.

LYNCH, C. The new context for bibliographic control in the new millenium. In: BIBLIOGRAPHIC CONTROL FOR THE NEW MILLENIUM CONFERENCE, 2000, Washington, DC. Library of Congress, 2001. Disponível em: <http://www.loc.gov/catdir/bibcontrol/lynch_paper.html> Acesso em: 15/01/2005.

PINTO, M. C. M. F. Catálogos e bibliografias: evolução histórica do trabalho de controle bibliográfico. *Revista da Escola de Biblioteconomia da UFMG*, Belo Horizonte, v. 16, n. 2, p. 143-158, 1987.

ROSETTO, M. Metadados: novos modelos paras descrever recursos de informação digital. In: INTEGRAR, CONGRESSO INTERNACIONAL DE ARQUIVOS, BIBLIOTECAS, CENTROS DE DOCUMENTAÇÃO E MUSEUS, 1, 2002, São Paulo. *Anais*. São Paulo: FEBAB, 2002. p. 485-498.

SOUZA, M. I. F.; VENDRUSCULO, L. G.; MELO, G. C. Metadados para descrição de recursos de informação eletrônica: utilização do padrão Dublin Core. *Ciência da Informação*, Brasília, v. 29, n. 1, p. 93-102, 2000.

SOUZA, T. B.; CATARINO, M. E. Metadados: catalogando dados na internet. *Transinformação*, Campinas, v. 9, n. 2, p. 69-92, 1997.

Catalogação cooperativa, catalogação na fonte e catalogação na publicação

O PROCESSO DE catalogação e a elaboração de catálogos de bibliotecas constituem, há muito tempo, tarefas centrais da atividade bibliotecária e muitos esforços têm sido feitos para aperfeiçoá-los. A preocupação com a eficácia e com a qualidade do processo sempre esteve presente e a partir daí surgem os conceitos de catalogação cooperativa, catalogação na fonte e catalogação na publicação, baseados no princípio de que um livro poderia ser catalogado uma única vez e essa catalogação seria utilizada por todas as bibliotecas interessadas, economizando recursos humanos e financeiros.

Catalogação cooperativa

O pioneiro da catalogação cooperativa foi o bibliotecário Charles Jewett (1816-1868), que em 1850, em um encontro da American Association for the Advancement of Science propôs que a biblioteca da Smithsonian Institution (EUA), onde ele trabalhava, funcionasse como biblioteca nacional, recebendo dados catalográficos de bibliotecas do país e coordenando um serviço de catalogação cooperativa que resultaria em um catálogo coletivo das bibliotecas cooperantes. Assim, além de funcionar como central de catalogação, o serviço forneceria um instrumento de acesso às coleções.

Por falta de apoio da própria instituição, o projeto de Jewett não se realizou, mas, anos depois, em 1901, a Library of Congress, já tendo assumido a posição de biblioteca nacional dos Estados Unidos, iniciou o serviço de distribuição de fichas catalográficas de seu acervo. No ano seguinte, o serviço passou a contar com registros de outras bibliotecas, deixando de ser centralizado para se tornar cooperativo. Estava assim concretizada a ideia que Jewett lançara cinquenta anos antes. O serviço da Library of Congress teve grande sucesso e a biblioteca teve papel pioneiro quando, na década de 1960, a automação começou a ser usada na produção de registros bibliográficos, com a criação do formato MARC, linguagem padrão para troca de dados catalográficos, que deu um novo impulso ao processo de catalogação, tendo sido adaptado para uso em vários países.

A automação possibilitou o aparecimento de consórcios, redes de bibliotecas unidas por interesses comuns, como as bibliotecas universitárias. Como exemplos, pode-se citar o Research Libraries Information Network (RLIN), o University of Toronto Library Automation System (UTLAS), o Western Library Network e o Ohio College Library Center (OCLC).[17] Essas redes tinham âmbito de ação restrito, geralmente as universidades ou a região geográfica em que se inseriam. Posteriormente, algumas se expandiram, como foi o caso do OCLC, que se tornou o Online Computer Library Center, atualmente fornecendo serviços para mais de 50 mil bibliotecas em 84 países.

---

[17] Em 1981, o Ohio College Library Center passou a denominar-se Online Computer Library Center, mantendo a mesma sigla: OCLC.

Esses serviços têm tido enorme influência na catalogação, já que seus objetivos visam à solução de problemas que há muito tempo preocupam a comunidade bibliotecária, a saber, rapidez de processamento e diminuição de custos.

Catalogação cooperativa no Brasil

A atividade de catalogação cooperativa teve início no Brasil quando, em 1942, a bibliotecária Lydia de Queiroz Sambaquy, implantou, na biblioteca do DASP, o Serviço de Intercâmbio de Catalogação (SIC). O SIC, que atuava em colaboração com o Departamento de Imprensa Nacional, foi uma iniciativa pioneira, pois visava fazer avançar a qualidade dos serviços bibliográficos numa época em que praticamente não havia profissionais bibliotecários no país.

Qualquer biblioteca poderia participar, enviando ao SIC suas fichas catalográficas. Ali elas eram revistas, impressas e enviadas às bibliotecas cooperantes. O pouco conhecimento técnico em catalogação por parte das bibliotecas constituiu grande entrave para o sucesso do SIC, aumentando o trabalho de revisão das fichas e tornando a tarefa lenta e difícil. Apesar disso, o programa continuou até que, em 1947, a Fundação Getúlio Vargas (FGV) passou a participar, oferecendo cursos de treinamento, para catalogadores do SIC, e responsabilizando-se pela venda e distribuição das fichas. Em 1954, o SIC foi integrado ao recém-criado Instituto Brasileiro de Bibliografia e Documentação (IBBD), mas nessa época os problemas já se avolumavam, o que resultou na sua interrupção em 1972. Nessa época, o tratamento catalográfico manual já se mostrava inviável no SIC e o IBBD, já então sob sua nova denominação (IBICT – Instituto Brasileiro de Informação em Ciência e Tecnologia) percebeu a necessidade de buscarem meios para a automação do serviço.

O desenvolvimento do MARC ofereceu a oportunidade para solução, o que foi feito por meio da adaptação daquele formato para o Brasil, que resultou no Projeto CALCO (Catalogação Legível por Computador), elaborado pela bibliotecária Alice Príncipe Barbosa e divulgado em 1973. O CALCO começou a ser usado pela Biblioteca Nacional e, posteriormente, por um grupo pequeno de bibliotecas. A FGV, juntamente com a Biblioteca Nacional, assumiu a tarefa de coordenar o grupo de bibliotecas usuárias, criando oportunidade para o surgimento da Rede Bibliodata/CALCO, que se tornou operacional em 1980. O projeto não teve grande aceitação por parte das bibliotecas brasileiras e só em meados da década de 1980, com a implementação do Plano Nacional de Bibliotecas Universitárias (PNBU)[18], que recomendou a participação das bibliotecas universitárias na rede Bibliodata, é que houve maior expansão.

Catalogação na fonte e catalogação na publicação

A ideia de catalogação na publicação surgiu em 1853, com o nome de catalogação na fonte (*cataloguing in source*, em inglês) quando alguns bibliotecários norte-americanos, entre eles Charles Jewett (1816-1868), bibliotecário da Smithsonian Institution e um dos maiores defensores da catalogação cooperativa, perceberam as vantagens de se catalogar um livro uma única vez e antes de sua publicação, evitando que centenas de bibliotecários executassem a mesma tarefa, com desperdício de tempo e de recursos.

---

[18] Este plano, criado em 1986, foi substituído pelo Programa Nacional de Bibliotecas de Instituições de Ensino Superior (PROBIB), extinto em 1995. Foi concebido em torno das necessidades das bibliotecas universitárias brasileiras, apontando soluções para os seus problemas estruturais.

Proposta concreta sobre o assunto surgiu mais tarde, em 1876, quando Justin Winsor (1831-1897), bibliotecário da Boston Public Library e da Harvard University e um dos fundadores da ALA, apresentou um projeto para que fosse impressa no próprio livro a ficha catalográfica. Interessante observar que a ideia fora proposta na mesma época, na Inglaterra, por Max Muller (1823-1900), curador da Bodleian Library, da Oxford University.

Em 1877, durante a conferência anual da ALA formou-se uma comissão, composta por Richard Rogers Bowker (editor e fundador da R. R. Bowker), Justin Winsor e Melvil Dewey (1851-1931), para estudar a viabilidade do programa de catalogação na fonte nos EUA. No ano seguinte, a comissão apresentou o projeto, segundo o qual os editores interessados enviariam a prova de seus livros para que fossem catalogados, ao preço de um dólar cada, por bibliotecários da Harvard University e do Boston Athenaeum. A catalogação seria apresentada em três subprodutos:

- impressão dos registros catalográficos no livro;
- impressão de uma ficha catalográfica a ser enviadas a assinantes do serviço;
- publicação da ficha nas revistas *Library Journal* e *Publishers Weekly*.

O programa chegou a ser implementado, mas teve curta duração, já que não foi financeiramente viável, devido, principalmente ao pequeno número de assinantes. Muitos anos depois, em 1958, nova tentativa foi feita, desta vez pela Library of Congress que realizou estudo financiado pelo Council on Library Resources, para analisar a viabilidade financeira e técnica da pré-catalogação, bem como sua utilidade para as bibliotecas.

Embora os bibliotecários considerassem que o serviço seria útil, os editores consultados, em número de aproximadamente 300, mostraram-se bastante céticos. O resultado foi que pouco mais da metade deles aderiu ao programa, que tinha como uma das características a agilidade; a ideia era que a ficha catalográfica fosse elaborada em 24 horas. Apesar de todo o esforço empreendido, concluiu-se que o programa era financeiramente inviável.

Em 1971, a Library of Congress retomou o projeto desta vez com o nome de catalogação na publicação, em inglês *cataloging-in-publication*, cuja sigla – CIP – identifica atualmente os programas de catalogação prévia na maioria dos países que a adotam. Atualmente, o programa norte-americano funciona de forma seletiva, catalogando apenas livros com maior possibilidade de aquisição pelas bibliotecas do país. As editoras enviam um exemplar da prova do livro e, caso esta não esteja disponível, algumas partes, como folha de rosto, verso da folha de rosto, sumário e um capítulo. A catalogação é feita em oito dias e enviada para o editor para ser impressa no livro. Ao mesmo tempo, a versão eletrônica do registro é distribuída para outras bibliotecas, serviços bibliográficos e livreiros em todo o mundo.

As editoras participantes do programa ficam responsáveis por fornecer um exemplar da edição final do livro catalogado para elaboração da catalogação definitiva, que é então novamente incluída na fitas MARC.

Alguns problemas existem, relacionados principalmente com erros nas datas de publicação e de outros elementos que sofrem modificações na edição definitiva. Há também reclamações relativas à demora na divulgação da ficha completa. Apesar disso, o serviço tem crescido e os responsáveis buscam formas mais eficazes de gerenciamento, principalmente no que diz respeito ao seu custo-benefício.

Atualmente, nota-se, nos livros publicados nos Estados Unidos e Grã-Bretanha, tendência em restringir, ou mesmo em não incluir os dados da catalogação na publicação, substituindo-os por uma nota que informa a existência de um registro computadorizado do livro em bases de dados do país. No caso do Brasil, isso não ocorre, e os dados catalográficos são geralmente completos, incluindo-se até informações sobre a descrição física do livro.

Recomendações da UNESCO relativas aos programas de catalogação na publicação

O programa norte-americano, acima descrito, serve de modelo para a catalogação antecipada que constitui um dos mecanismos de controle bibliográfico.

A UNESCO recomenda que os programas de catalogação na publicação sejam vinculados à bibliografia nacional para maior racionalização de esforços. Nesse caso a ABN, responsável pela bibliografia nacional, encarregaria-se da catalogação na publicação, em estreita colaboração com as editoras que, por sua vez, devem enviar as informações bibliográficas em tempo hábil para que o processamento catalográfico seja efetivado. A UNESCO considera que os dados da catalogação na publicação não devem substituir o registro completo e oficial dos documentos e faz as seguintes recomendações:

- que sejam identificados claramente os registros de catalogação prévia incluídos na bibliografia nacional, utilizando-se para isso números de controle, código ou símbolo, de modo a diferenciar a catalogação provisória da definitiva;
- que se inclua esclarecimento sobre a substituição dos registros da catalogação prévia pela definitiva;
- que se utilize as ISBDs para a descrição bibliográfica;
- que sejam incluídos o International Standard Book Number (ISBN), no caso de livros e o International

Standard Serials Number (ISSN), no caso de publicações seriadas;
- que sejam utilizados sistemas internacionais de classificação como a CDU (Classificação Decimal Universal) ou a CDD (Classificação Decimal de Dewey) para identificação do assunto do documento.

Alguns países desenvolvem programas de catalogação na publicação vinculados à bibliografia nacional, como por exemplo, Alemanha, Canadá, Austrália, Nova Zelândia. As bibliotecas nacionais desses países mantêm serviços de catalogação na publicação e elaboram os registros gratuitamente. Os registros são incluídos nas bases de dados das bibliotecas e funcionam também como forma de divulgar os livros antes de sua publicação. No Reino Unido, o serviço de catalogação na publicação da British Library é terceirizado (atualmente feito pela empresa Bibliographic Data Services Limited) e sua principal função é a divulgação prévia dos livros a serem publicados. Por esse motivo os editores devem enviar os dados com quatro meses de antecedência. O fornecimento do registro catalográfico para publicação no próprio livro é feito apenas para livros que serão distribuídos em países menos desenvolvidos. Nos outros casos, a British Library sugere aos editores que incluam no verso da folha de rosto apenas a informação de que o registro daquele livro está disponível nas bases de dados da biblioteca nacional.

Há, portanto, diferenças marcantes nos programas de catalogação na publicação dos diversos países. Alguns são mais voltados para a divulgação antecipada dos livros, funcionando como instrumentos de seleção, quando divulgados em bibliografias. Outros funcionam como modelo de catalogação, quando os registros são impressos no livro. A disponibilidade de serviços de fornecimento de registros catalográficos, que sejam acessíveis às bibliotecas, vai provavelmente levar à eliminação da impressão do registro no livro, que é o que ocorre com livros americanos e britânicos. Em países onde o acesso a serviços desse tipo é mais difícil, como é o caso do Brasil, a catalogação na publicação ainda persistirá na sua forma tradicional, impressa no livro.

Assim, percebe-se que processos desenvolvidos há longo tempo pela comunidade bibliotecária vão evoluindo e se adaptando ao novo ambiente informacional e tecnológico. A catalogação cooperativa é hoje prática corrente, que possibilita a redução de custos da catalogação, preocupação constante dos serviços que desejam oferecer registros de boa qualidade, mas a custo razoável. A catalogação na fonte também é um conceito que retorna no âmbito da informação virtual, exemplificado pela ideia que embasa o processo de descrição de recursos da internet, ou seja, que o produtor ou criador do recurso é o mais indicado para elaborar sua descrição.

Catalogação na publicação no Brasil

A catalogação na fonte chegou ao Brasil no início da década de 1970, por iniciativa de editores e com o apoio de bibliotecários. A Câmara Brasileira do Livro (CBL) e o SNEL iniciaram um programa conjunto de catalogação em suas sedes, respectivamente em São Paulo e no Rio de Janeiro, que consistia na elaboração do registro catalográfico para inclusão na publicação. Paralelamente, editava-se um volume contendo o conjunto dessas fichas, com o título *Oficina de Livros: Novidades Catalogadas na Fonte*, que visava contribuir para a divulgação mais rápida das novas publicações. Vê-se, portanto, que o programa brasileiro foi concebido com dupla finalidade, ou seja, como modelo de registro catalográfico e como instrumento de seleção e aquisição, tendo sido baseado no modelo norte-americano.

Apesar de pioneiro (na época de seu aparecimento apenas quatro países mantinham programas de catalogação na fonte), o programa brasileiro não conseguiu manter-se. A publicação da *Oficina de Livros* nunca chegou a ser regular. Projetada para ser bimestral, passou a anual no período de 1979 a 1984, sendo suspensa temporariamente em 1987. Buscando superar o problema, a CBL começou a incluir, a partir de 1988, os dados de catalogação no seu boletim *CBL Informa*. Continuaram, entretanto, os problemas de atraso e do número pouco significativo de livros catalogados.

Atualmente, as duas instituições continuam oferecendo o serviço, que se restringe à elaboração do registro catalográfico para impressão no livro. Ao mesmo tempo, muitas editoras providenciam, elas próprias, a catalogação de seus livros, contribuindo para a falta de padronização e tornando os registros pouco confiáveis.

Em 1998, a Biblioteca Nacional, através da Agência Brasileira do ISBN, iniciou o serviço de catalogação na publicação, alegando "diferenças detectadas nos procedimentos de catalogação na fonte utilizados pelos editores brasileiros". A ideia era reunir em um único serviço as operações de fornecimento de ISBN e de catalogação na publicação. O serviço pretendia atender aos pedidos de CIP num prazo de cinco dias úteis, cobrando-se uma taxa, devendo os solicitantes enviar no mínimo as dez primeiras folhas da publicação. Atualmente o serviço não está sendo anunciado no *site* da Biblioteca Nacional, presumindo-se que não teve a aceitação esperada.

Em 1993, a catalogação na publicação foi incorporada ao conjunto de normas brasileiras, através da Associação

Brasileira de Normas Técnicas (ABNT), que aprovou a NBR 12899, Catalogação-na-Publicação de Monografias.

Tentativa de tornar obrigatória a inclusão do registro catalográfico nos livros publicados no Brasil foi feita em 1975, através de um projeto de lei do deputado Faria Lima. Entretanto, tal tentativa não foi bem-sucedida e o projeto foi rejeitado em 1979, após quatro anos de tramitação.

Em 2003, com a aprovação da Lei 10 753, que institui a Política Nacional do Livro, torna-se obrigatória a inclusão da ficha catalográfica, conforme disposto no Artigo 6º: "Na editoração do livro, é obrigatória a adoção do Número Internacional Padronizado, bem como a ficha de catalogação para publicação."

Na verdade, instrumentos de controle bibliográfico, conforme a concepção da UNESCO, devem ser implantados a partir da conscientização da comunidade envolvida, que reconhece sua importância e utilidade. A única situação para a qual se recomenda uma base legal é a captação do material, que seria feita através do depósito legal.

Assim, a recomendação da UNESCO em relação aos programas de catalogação na publicação está mais voltada para a busca de cooperação entre editoras e a Agência Bibliográfica Nacional e não para sobrecarregar os editores com legislação impositiva. Nesse sentido, sugere a vinculação de programas com finalidades semelhantes (como a catalogação na publicação e a bibliografia nacional) na busca de um instrumento eficiente para identificação e seleção de publicações e que atenda, ao mesmo tempo, aos requisitos de registro da memória intelectual do país. Programas consolidados de catalogação na publicação (mesmo que não vinculados a bibliografia nacional) devem ser mantidos e a ABN deve buscar meios de apoiá-los, não duplicando o trabalho.

Referências

BAKER, B. B. *Cooperative cataloguing*: past, present and future. New York: Haworth, 1993.

BARBOSA, A. P. *Novos rumos da catalogação*. Rio de Janeiro: BNG Brasilart, 1978.

CARNEIRO, R. Catalogação na fonte e catalogação na publicação. *Revista Brasileira de Biblioteconomia e Documentação*, São Paulo, v. 9, n. 4/6, p. 148-155, 1987.

_____. Catalogação na publicação. *Biblioliv*, p. 7, jan./mar. 1988.

CLINCA, G. The functioning of CIP. *IFLA Journal*, v. 20, n. 4, p. 478-487, 1994.

FERREIRA, J. R. et al. Redes nacionais de informação, catalogação na fonte e outras experiências. *Revista Brasileira de Biblioteconomia e Documentação*, São Paulo, v. 12, n. 1-2, p. 67-88, 1979.

HUBNER, E. Catálogo coletivo Bibliodata: um produto brasileiro para bibliotecas brasileiras. In: INTEGRAR: CONGRESSO INTERNACIONAL DE ARQUIVOS, BIBLIOTECAS, CENTROS DE DOCUMENTAÇÃO E MUSEUS, 1., São Paulo. *Anais*. São Paulo, FEBAB, 2002. p. 215-223.

NEWLEN, R. R. Read the fine print: the power of CIP. *Library Journal*, v. 116, n. 2, p. 38-42, 1991.

Sistemas de identificação numérica de documentos

A IDENTIFICAÇÃO DE documentos a partir de sua descrição bibliográfica é uma prática milenar na Biblioteconomia, ocorrendo desde a Antiguidade, quando os bibliotecários inscreviam nas paredes das bibliotecas dados sobre os livros do acervo. Atualmente, as bases de dados bibliográficos contendo registros de descrição altamente padronizados, bem como os sistemas de metadados que começam a surgir para identificar e permitir a recuperação de documentos digitais, continuam sendo importantes instrumentos de identificação e acesso às publicações.

Outra tendência na identificação de documentos pode ser observada a partir da década de 1960, ou seja, os sistemas numéricos que surgem a partir das possibilidades oferecidas pela informática. Criados inicialmente para identificar documentos tradicionais como livros e periódicos esses sistemas vêm se expandindo para incluir os vários tipos de documentos gerados pelas diversas tecnologias atualmente disponíveis.

Embora planejados geralmente com perspectiva comercial, esses sistemas têm sido considerados pela UNESCO e pela IFLA como mecanismos de controle bibliográfico e, no modelo proposto por essas instituições, a agência bibliográfica nacional assumiria a função de órgão responsável pelo gerenciamento dos sistemas que porventura viessem a ser implantados no país.

International Standard Book Number (ISBN)

O ISBN foi o sistema pioneiro de identificação numérica de documentos. Sua origem está ligada à necessidade sentida pelas grandes livrarias de esquema eficaz para gerenciar seus estoques de livros. Em 1967, a empresa W. H. Smith, a maior cadeia de livrarias do Reino Unido, que estava informatizando seus processos gerenciais, começou a utilizar o Standard Book Numbering, desenvolvido sob a supervisão da British Publishers' Association para permitir a identificação precisa de cada edição de um livro. Percebendo o potencial do sistema, a ISO, através de seu comitê de documentação (ISO/TC/46), estabeleceu um grupo de trabalho para estudar a possibilidade de adaptar o sistema para uso internacional. Como resultado dos estudos, foi proposto o sistema denominado International Standard Book Number (ISBN), aprovado, em 1970, como norma ISO 2108/1972. Essa norma tem sido revista periodicamente, para permitir a aplicação a materiais não bibliográficos, mas sua estrutura original não se modificou.

O sistema funciona com uma agência internacional e agências nacionais em cada país membro. A agência internacional está sediada em Berlim na Staatsbibliotek zu Berlin – Preussischer Kulturbesitz, e é assessorada por um comitê formado por representantes da ISO, da International Publishers' Association (IPA), da IFLA e de agências regionais.

As principais funções da agência internacional são: promover e supervisionar o uso do sistema no nível mundial;

aprovar a estrutura das agências nacionais e alocar grupos de identificadores para essas agências.

As agências nacionais ou de grupos de países têm como principal função atribuir os dígitos identificadores às editoras de seu país. Essas agências mantêm contato com a agência internacional e controlam o cumprimento das normas estabelecidas pelo sistema, além de divulgá-lo no âmbito do país. Para se ter uma ideia da amplitude do sistema, a mais recente edição do *Publishers' International ISBN Directory* (30ª edição) lista 628 795 editoras cadastradas, de 218 países e territórios.

O ISBN foi considerado pela UNESCO e pela IFLA como mecanismo de controle bibliográfico e, no modelo proposto por essas instituições, recomenda-se que a agência bibliográfica nacional assuma a função de agência nacional do ISBN.

O *ISBN Users Manual* considera "livro" como "publicação", ou seja, a manifestação de um conteúdo, independentemente do formato em que seja publicado. Assim, o ISBN pode ser atribuído aos seguintes tipos de publicações: livros e folhetos impressos, material em Braille, mapas, vídeos e transparências educativos, livros em cassete ou CD-ROM, microformas, publicações eletrônicas (fitas legíveis a máquina, disquetes, CD-ROMs, publicações da internet), publicações multimídia. Não se deve atribuir ISBN para publicações efêmeras, material publicitário, impressos e *folders* que não contenham folha de rosto, gravações de som, periódicos e música impressa, considerando que esses três últimos tipos de materiais possuem sistemas específicos de identificação.

O número identificador de cada livro é formado por nove dígitos, acrescidos de um dígito de controle, separados por hifens em quatro segmentos.

O dígito (ou dígitos) do primeiro segmento é determinado pela agência internacional e identifica o país ou grupo de países, reunidos por língua ou por região. Por exemplo, o grupo de língua alemã é identificado no primeiro segmento pelo dígito 3 e a região do Pacífico Sul é identificada pelo número 982. A quantidade de dígitos que compõem o primeiro segmento varia, portanto, de acordo com a produção editorial do país ou do grupo, ou seja, quanto maior a produção menor o número de dígitos.

O grupo linguístico ou de área pode contar com diversas agências nacionais. Cada um dos países que formam o grupo de língua inglesa, por exemplo (Austrália, Canadá, Gibraltar, Nova Zelândia, África do Sul, Swaziland, Reino Unido, Estados Unidos e Zimbabwe) tem sua própria agência nacional.

O segundo segmento é composto pelos dígitos identificadores da editora. A quantidade de dígitos desse segmento também varia conforme o volume da produção editorial: quanto maior o volume de livros produzidos por uma editora, menor o número do dígito identificador dessa editora.

O terceiro segmento é formado pelos dígitos identificadores do título, que permite a individualização precisa de determinada edição de um livro. O número de dígitos varia de acordo com o segmento anterior: quanto menor for o número de dígitos identificadores de uma editora, maior o de identificadores de títulos. O último segmento é o dígito de controle, que permite a verificação automática da exatidão dos dígitos que compõem o número integral.

Para aumentar a capacidade de numeração do sistema, que já começou a mostrar sinais de esgotamento, foi feita uma revisão que resultou no aumento da quantidade de dígitos que de 10 passou para 13, em 2007.

O ISBN apresenta-se da seguinte forma: ISBN 0-00-651254-2

Criado para identificar cada edição de determinado livro, o ISBN é, portanto, diferente em cada uma delas. O livro *Manual para Normalização de Publicações Técnico-Científicas*, por exemplo, publicado pela Editora UFMG, apresenta os seguintes ISBNs em suas diferentes edições:

3ª ed.	1996	ISBN	85-7041-077-8
4ª ed.	1998	ISBN	85-7041-153-7
5ª ed.	2001	ISBN	85-7041-260-6
6ª ed.	2003	ISBN	85-7041-357-2
7ª ed.	2004	ISBN	85-7041-431-5

O segmento 85 representa o grupo de países de língua portuguesa, que inclui o Brasil; o segundo segmento (7041) identifica a Editora UFMG; e o terceiro segmento corresponde a cada uma das edições do livro.

São atribuídos ISBNs diferentes aos diversos formatos em que o livro é produzido (impresso, *online*, CD-ROM etc.) e às encadernações (brochura, encadernado etc.). Toda edição ou reedição que apresente mudança de formato, de conteúdo e/ou ilustração deve receber um novo ISBN. Em se tratando de obra em mais de um volume, o ISBN deve ser atribuído à obra no todo e a cada um dos volumes individualmente. Um livro em coedição receberá dois números de ISBN, cada um correspondendo a uma editora.

Segundo o *ISBN Users' Manual*, o número de ISBN deve aparecer: no verso da página de rosto, na parte inferior da quarta capa, na parte inferior da lombada (no caso de livros de bolso), nas etiquetas do produto (quando o livro é editado como fita cassete, disquete ou CD-ROM), junto com o título (no caso de publicações da internet), nos créditos (em filmes ou vídeos). A ABNT, através da norma NBR 10521/1988, recomenda que o ISBN acompanhe os registros bibliográficos do livro (bibliografias, catálogos de editoras, registros de catalogação na publicação e resenhas). A partir de acordos entre a agência internacional do ISBN, a EAN International[19] e o Uniform Code Council (UCC), o ISBN pode ser associado ao código de barras, o sistema de identificação de produtos mais amplamente usado no mundo. Nesse caso, o número sofre uma ampliação, com o acréscimo do prefixo 978, apresentando-se da seguinte maneira:

ISBN 0-330-28987-X

9 780330 289870

ISBN no Brasil

A implantação do sistema ISBN no Brasil ocorreu por iniciativa dos editores brasileiros, que dele tomaram conhecimento em 1971, durante o 4º Encontro de Editores de Livros, realizado em São Lourenço, MG. Reconhecendo as vantagens do sistema, os editores decidiram solicitar à agência internacional a instalação de um centro nacional no Brasil. A proposta foi elaborada por representantes do SNEL, da Biblioteca Nacional, do IBBD (atual IBICT), do Instituto Brasileiro de Geografia e Estatística (IBGE) e da ABNT.

---

[19] A EAN International substituiu, em 1992, o sistema então denominado Europen Article Numbering.

Aceita a proposta, a Biblioteca Nacional foi escolhida para ser a agência brasileira do ISBN no país, dando início, em 1978, à operacionalização do sistema. A ABNT apoiou a iniciativa e aprovou a NBR 10521/1988, que fixa condições para a atribuição de ISBNs aos livros no Brasil e a Lei 10 753, de 30 de outubro de 2003, que institui a Política Nacional do Livro, obriga a inclusão do ISBN nos livros publicados no Brasil.

O potencial do sistema depende da quantidade de editoras participantes. Para essas editoras, pode funcionar como mecanismo de gerenciamento de estoques, de atendimento de pedidos e análise de vendas, facilitando o processamento automático dessas operações, principalmente com a utilização de ISBNs vinculados ao código de barras. No âmbito das bibliotecas, o ISBN pode facilitar a automação dos processos de aquisição, pode ser utilizado em catálogos coletivos e em atividades de empréstimo entre bibliotecas, potencializando, assim, sua atuação como instrumento de controle bibliográfico.

International Standard Serial Number (ISSN)

A ideia de um sistema de numeração padronizada para identificação de periódicos surgiu em 1967, durante a 16ª Conferência Geral da UNESCO e da Assembleia Geral do Conselho Internacional de Uniões Científicas (ICSU).

Nessa ocasião, foi discutido o projeto de um sistema mundial de informação científica, que veio a se tornar no UNISIST. Sendo o periódico a forma de publicação mais utilizada na comunicação científica, a preocupação dos participantes do encontro foi encontrar meios para um esquema que possibilitasse o cadastramento uniforme dos periódicos, possibilitando sua identificação em nível mundial. Previa-se a dificuldade de se manter base de dados exata e completa, por se tratar de materiais complexos e heterogêneos, submetidos a mudanças de título, formato e periodicidade, além de outros problemas. Mas, apesar das dificuldades previstas, o projeto foi elaborado e, em 1972, mediante acordo da UNESCO com o governo francês, foi criado o International Serials Data System (ISDS), organização intergovernamental com sede em Paris.

A função principal do sistema era o cadastramento dos periódicos e a atribuição de número padronizado a cada título, que passaria a ter código de identificação único, sendo distinguido de modo inequívoco de outras publicações.

Na década de 1990, o ISDS organizou-se em rede, com o nome de ISSN Network, que reúne atualmente 76 centros nacionais. Esses centros têm a responsabilidade de atribuir o ISSN aos periódicos publicados no país e manter os registros correspondentes. O centro internacional responsabiliza-se pelo cadastramento de periódicos publicados por organizações internacionais e por países que não possuem centro nacional, e pela atribuição de ISSN a esses periódicos. Além disso, define padrões e dissemina as informações sobre as atividades da rede. É também atribuição do centro internacional a conferência dos números atribuídos, bem como das informações cadastrais enviadas pelos centros nacionais, que formam a base de dados do sistema, o *ISSN Register*, que inclui para cada periódico os seguintes dados: título-chave, título-chave abreviado, ISSN, periodicidade, língua, local de publicação, editor, outras versões do título, títulos anteriores, formatos de publicação etc.

Até o momento, foram atribuídos mais de um milhão de ISSNs, e a expansão da ISSN Network (40 a 60 mil títulos por ano) indica que muitos países estão conscientes da necessidade do controle bibliográfico de periódicos. Essa rede constitui mecanismo para o CBU. A UNESCO tem feito recomendações para que os países estabeleçam seus centros nacionais de ISSN, de preferência no âmbito da Agência Bibliográfica Nacional.

A ISO assumiu o ISSN, aprovando, através de seu comitê de documentação, a norma ISO 3297-1975, que fixa diretrizes para o uso padronizado do ISSN. Essa norma define periódico como publicação editada em partes sucessivas, numeradas em sequência cronológica e prevista para continuar indefinidamente. Essa definição exclui, portanto, obras em série com número previsto de partes.

Cada periódico recebe o título padronizado, o "título-chave", formado pelo título, local de publicação e data de início e data do fim da publicação (no caso de periódicos interrompidos). O título-chave individualiza periódico e o distingue de outros com o mesmo título, como mostra o exemplo a seguir:

ISSN	Título-chave	País, data de início/fim
ISSN 1140-3853	Babel (Arles)	(França 1989-)
ISSN 1105-0748	Babel (Atenas)	(Grécia 1981-)
ISSN 0521-9744	Babel (Bonn)	(Holanda 1955-)
ISSN 0327-6414	Babel (Buenos Aires)	(Argentina 1988-)
ISSN 0005-3503	Babel (Melbourne)	(Austrália 1965-)
ISSN 1147-8306	Babel (Paris)	(França 1990-)

O ISSN é formado por sete dígitos (diferentemente do ISBN esses dígitos não têm significado) acrescidos de um dígito de controle, sendo esses oito dígitos separados por hífen em dois segmentos de quatro dígitos, como no seguinte exemplo que identifica a *Revista da Escola de Biblioteconomia da UFMG*:

ISSN 0100-0829

Quando esse periódico mudou de nome em 1996, passando a se chamar *Perspectivas em Ciência da Informação*, seu ISSN passou a ser:

ISSN 1413-9936

O ISSN é útil em processos automatizados que envolvam atualização e conexões de bases de dados e recuperação e transmissão de informações. Em bibliotecas, pode auxiliar nos processos de aquisição de periódicos, controle de assinaturas, empréstimos entre bibliotecas e uso de catálogos coletivos.

A agência internacional do ISSN sugere que este se localize na parte superior direita da capa e no verso da folha de rosto de cada fascículo, juntamente com as informações gerais sobre o periódico. Em versões *online* deve localizar-se junto do título ou na *home page* e no caso de versão em CD-ROM, na etiqueta de identificação.

Segundo a NBR 105257/1988, da ABNT, o ISSN deve aparecer também junto ao registro de catalogação na publicação e acima da legenda bibliográfica na folha de rosto.

A atribuição do ISSN é feita com base nos seguintes pontos:

- a cada publicação seriada se atribui um único ISSN, que está ligado à forma padronizada do título-chave;
- um ISNN só pode ser alocado uma única vez. Se um periódico encerrar sua publicação, seu ISSN se mantém ligado a ele, não sendo reutilizado;

- no caso de mudança de título, um novo ISSN será atribuído ao periódico;
- o ISSN pode ser atribuído a livros publicados em coleções. Nesse caso os livros receberiam o ISSN que identificaria a coleção como um todo, além do ISBN que identificaria cada volume individualmente;
- suplementos, seções, subséries, edições em outros idiomas podem receber ISSN próprios;
- mudanças de impressão, editora, periodicidade e endereço não requerem a atribuição de novo ISSN, mas devem ser comunicadas ao centro nacional para atualização do cadastro do periódico.

Desde 1984, o ISSN integra-se ao EAN-13, o sistema de código de barras mais amplamente usado no mundo. Para a construção da simbolização em barras, utiliza-se o prefixo 977, que indica a categoria da publicação, anteposto ao ISSN. São acrescentados o número correspondente ao código de preço e dois dígitos variáveis.

ISSN no Brasil

O controle bibliográfico de periódicos no Brasil tem sido, desde muito tempo, uma das funções do Instituto Brasileiro de Informação em Ciência e Tecnologia (IBICT) que, desde a década de 1950, vem produzindo listas de periódicos, sendo que a última publicada foi o *Guia de Publicações Seriadas Brasileiras*, em 1987. Outra atribuição do IBICT tem sido a organização e manutenção do *Catálogo Coletivo Nacional de Publicações Seriadas*. Essa instituição apresentava-se, portanto, como o espaço natural para abrigar o centro brasileiro do ISSN, criado em 1975.

A ABNT tem participado da consolidação desse mecanismo de controle bibliográfico de periódicos e aprovou a NBR 10525/1988, que fixa diretrizes para definir e promover o uso do ISSN.

Considerando-se o aparecimento de sistemas que visam identificar partes específicas de publicações, como o Digital Object Identifier (DOI) e o Serial Item and Contribution Identifier (SICI), o ISSN, que identifica o periódico no todo, busca encontrar novas vertentes para continuar contribuindo para o esforço de organização e estruturação da internet, em bases sólidas que garantam qualidade das informações da rede.

Outros sistemas de identificação numérica

O volume e a complexidade crescentes de publicações, além da utilização corrente de processos informáticos no universo bibliográfico, têm conduzido à criação de sistemas de identificação numérica para outros tipos de materiais. Nesse sentido, a experiência obtida com identificadores numéricos de livros e periódicos tem sido aproveitada em iniciativas que vêm ocorrendo com frequência no âmbito de materiais não bibliográficos e, mais recentemente, de publicações *online*.

International Standard Music Number (ISMN)

Foi o que ocorreu, por exemplo, com as publicações musicais, que podem possuir agora o International Standard Music Number (ISMN), criado em 1993, para identificar editores e obras musicais. O ISMN funciona de forma semelhante ao ISBN, tanto no que diz respeito ao gerenciamento do sistema, quanto à estrutura do código utilizado, cujas regras estão sistematizadas na norma ISO 10957/1993.

O sistema é administrado por uma agência internacional que promove, coordena e supervisiona os procedimentos para utilização do código e suas aplicações. Essa agência aprova a definição e a estrutura de agências nacionais e regionais e lhes fornece séries de prefixos dos editores. As agências nacionais ou regionais por sua vez são encarregadas de atribuir os prefixos aos editores sob sua jurisdição. Os editores ficam responsáveis por administrar os contingentes de códigos que recebem.

A agência internacional do ISMN, que funciona na Staatsbibliothek de Berlim, publica o *Music Publishers' International ISMN Directory* e administra a base de dados de editores de partituras musicais, que inclui cerca de 90% dos produtores de música impressa em todo o mundo. Atualmente, o trabalho da agência internacional está voltado para a divulgação do sistema, buscando sensibilizar os editores para sua importância e utilidade. Até o momento, 41 países ou regiões já aderiram, no total de 1700 editores cadastrados.

Podem receber o ISMN os seguintes tipos de documentos:

- partituras;
- partituras para estudo ou de bolso;
- partituras vocais;
- conjuntos de partes;
- partes individuais, quando disponíveis separadamente;
- folhas de música pop;
- antologias;
- produtos multimídia quando constituírem parte integrante de uma publicação musical (por exemplo, uma fita gravada que constitua parte de uma composição);

- comentários ou letras de canções, quando publicados juntamente com a música impressa (se estiverem disponíveis separadamente);
- livros de canções (song books) (opcional);
- publicações musicais em microformas;
- publicações musicais em braille;
- publicações musicais eletrônicas.

Não devem receber o ISMN: livros sobre música, gravações isoladas de som ou vídeo, periódicos e séries no todo. Em alguns casos, pode ser difícil decidir se um material constitui publicação musical, passível de receber o ISMN, ou é "livro", devendo receber o ISBN. Nesses casos, o material pode receber ambos.

O código do ISMN é formado por dez dígitos, separados em quatro segmentos. O primeiro é a letra M, que o distingue de outros sistemas de identificação numérica; o segundo é o prefixo do editor; o terceiro corresponde ao título que identifica determinada publicação e, por último, o dígito de verificação, que valida o número, como, por exemplo:

M-2306-7118-7

O ISMN pode ser integrado ao sistema de código de barras EAN-13, utilizando o prefixo 979, como no seguinte exemplo.

ISMN : M 2306 7118 7

9 790230 671187

No Brasil, o centro nacional do ISMN está sediado na Biblioteca Nacional, que publicou em 1996 manual para orientar os editores na solicitação do número normalizado.

International Standard Audiovisual Number (ISAN)

Produtores de trabalhos audiovisuais também podem atualmente utilizar um sistema de código numérico que tem o objetivo de identificar determinada obra audiovisual com um número único e permanente, de modo a permitir que ela seja reconhecida sem ambiguidade e internacionalmente.

O International Standard Audiovisual Number (ISAN) foi desenvolvido pelo comitê de documentação da ISO e patrocinado pelas seguintes organizações: International Association for the Collective Management of Audiovisual Works, International Federation of Film Producers' Association e International Confederation of Authors' and Composers' Societies.

O sistema é administrado pela ISAN International Agency que coordena e mantém o registro central dos números fornecidos, além de ser a responsável por supervisionar o trabalho das ISAN Registration Agencies (agências nacionais), que serão encarregadas de receber e processar os pedidos de registro, fornecendo os respectivos códigos para os solicitantes. O ISAN está começando sua fase operacional e, atualmente, dá início ao cadastramento das agências nacionais.

Na perspectiva do sistema, audiovisual é um trabalho que consiste de sequência de imagens relacionadas, com ou sem acompanhamento de som, prevista para ser visualizada como imagem móvel, através do uso de mecanismos, qualquer que seja o meio da gravação original ou subsequente.

Assim, o número ISAN pode ser atribuído a todos os tipos de trabalhos audiovisuais, sejam filmes, curtas-metragens, trailers, produções para televisão, incluindo episódios individuais de séries televisivas, filmes educativos e comerciais, eventos esportivos, noticiários, além de trabalhos multimídia que contenham qualquer componente audiovisual significativo.

O código utilizado assemelha-se ao do ISSN: não é um descritor de conteúdo, mas um número "cego", ou seja, não contém códigos ou elementos significativos, ao contrário do ISBN, cujos segmentos representam o país ou região onde o livro foi publicado, sua editora e o título da obra, como por exemplo:

ISAN 006-A-15FA-002B-C95F-A

É importante salientar outra característica peculiar do ISAN: ele não identifica a publicação ou material audiovisual, mas a obra. Isso significa que, ao contrário do ISBN, que aloca um número diferente para cada formato de um livro, o ISAN fornece um único número para a obra independentemente dos vários formatos em que ela seja produzida. Um sistema suplementar está sendo desenvolvido em colaboração com a Society of Motion Picture and Television Engineers e outras organizações, para permitir a identificação das várias versões da obra audiovisual, utilizando o ISAN como base.

As funções do ISAN, além da de identificação, são permitir a autores, produtores e distribuidores de obras audiovisuais acompanhar a utilização de seus produtos; verificar registros de títulos, possibilitando ações antipirataria, além de auxiliar as associações controladoras de direitos autorais no gerenciamento de seus processos.

Essas agências, por sua vez, também mantêm sistemas de numeração para identificação de materiais, como é o caso da International Federation of the Phonographic Industry (IFPI) que criou e mantém o International Standard Recording Code (ISRC). Destinado a identificar gravações de som e vídeo-gravações de música, o ISRC foi criado especificamente para garantir o controle de pagamentos de direitos autorais pelo uso desses materiais. A IFPI representa atualmente 1450 membros da indústria fonográfica de 75 países e associações afiliadas à indústria em 45 países.

Digital Object Identifier (DOI)

Atualmente, começam a surgir sistemas destinados a identificar publicações da internet. O Digital Object Identifier (DOI) é um deles. É um sistema numérico que permite a identificação única e precisa de informação veiculada na internet, facilitando, assim, as transações entre usuários e produtores.

Administrado pela International DOI Foundation, o sistema teve início em 1997, quando foi apresentado durante a Feira Internacional do Livro em Frankfurt e, até o momento, milhões de números já foram fornecidos pelas DOI Registration Agencies nos Estados Unidos, Europa, Ásia e Austrália. Tendo suas origens no mundo editorial, o sistema atualmente é mais utilizado por editoras tradicionais que trabalhavam com materiais impressos e hoje estão oferecendo paralelamente seus produtos na internet.

O DOI pode ser atribuído a artigos de periódicos, verbetes de enciclopédias, imagens, *e-books*, enfim, qualquer conteúdo intelectual que precise ter seus direitos de propriedade protegidos. Essa é, portanto, a função original do DOI que, ao lado da função identificadora, permite aos produtores de documentos digitais gerenciar suas transações com maior eficácia.

O DOI é formado por dois componentes: um prefixo e um sufixo. Os prefixos são fornecidos pelas Registration Agencies e identificarão as organizações produtoras. O sufixo, separado do prefixo por um travessão, é definido pela própria produtora e irá identificar determinado objeto digital. A organização produtora deve certificar-se de que esteja atribuindo um número único e permanente para cada objeto digital, ou parte dele, de forma a permitir sua identificação precisa. Esse número pode ser, por exemplo, um código ISBN que o documento já possua. Esse procedimento visa evitar a centralização no fornecimento dos números, tornando o sistema DOI mais ágil.

Paulatinamente, a indústria editorial percebe a importância de manter a internet como plataforma de informação organizada e de qualidade, além da necessidade de garantir transações mais eficazes. Atendendo à comunidade científica, essa organização é necessária para permitir aos pesquisadores a recuperação das informações. Os códigos de identificação numérica têm sido instrumentos utilizados para auxiliar a estruturar e manter organizada a informação disseminada na rede.

Desenvolvidos inicialmente no mundo da publicação impressa, os identificadores numéricos, quando aplicados ao mundo digital, cumprem a função original de identificação e ampliam suas possibilidades, ao permitir também o controle de direitos autorais.

Referências

DAIGLE, L. L. *ISSN futures*: an Internet perspective. ISSN International Agency, 1999. Disponível em <http://www.issn.org:8080/pub/network/plan/discussion/daigle_text.pdf> Acesso em: 01/11/2004.

DIGITAL Object Identifier. Disponível em: <http://www.doi.org/> Acesso em: 24/06/2005

INTERNATIONAL Federation of the Phonographic Industry. Disponível em: <http://www.ifpi.org/isrc/> Acesso em: 24/06/2005.

INTERNATIONAL ISBN AGENCY. *ISBN users' manual*. 2002. Disponível em <http://www.isbn-international.org/en/manual.html> Acesso em: 01/11/2004.

INTERNATIONAL Standard Audiovisual Number. Disponível em: <http://www.isan.org/portal/page?_pageid=33,1&_dad=portal&_schema=PORTAL> Acesso em: 24/06/2005.

INTERNATIONAL Standard Book Number. Disponível em: <http://www.isbn.org/standards/home/index.asp> Acesso em: 24/06/2005.

INTERNATIONAL Standard Serial Number. Disponível em: <http://www.issn.org:8080/pub/> Acesso em: 24/06/2005.

SANTIAGO, S. The International Standard Serial Number (ISSN) System. *International Cataloguing & Bibliographic Control*, v. 24, n. 1, p. 15, 1995.

WALRAVENS, H. The International Standard Book Number and its application. *International Cataloguing & Bibliographic Control*, v. 24, n. 1, p. 12-15, 1995. Disponível em: http://www.ismn-international.org/index.html Acesso em: 24/06/2005.

Bibliografia atualizada

Capítulo 2 – Preservar para acessar
RODRIGUES, G. M.; OLIVEIRA, E. B. Memória e esquecimento no mundo virtual: os mesmos fios tecendo uma nova trama? *Liinc em Revista*, v. 11, n. 1, p. 91-105, 2015. Disponível em: <http://www.egov.ufsc.br/portal/conteudo/mem%C3%B3ria-e-esquecimento-no-mundo-virtual-os-mesmos-fios-tecendo-uma-nova-trama DOI: 10.18617/liinc.v11i1.796> Acesso em: 19 mar. 2019.

Capítulo 3 – Controle bibliográfico universal
COSTA, M. P.; LEITE, F. C. L. *Repositórios institucionais da América Latina e o acesso aberto à informação científica*. Brasília: IBICT, 2017. 178 p. Disponível em: <http://eprints.rclis.org/31109/> Acesso em: 19 mar. 2019.

SOUZA, T. F. C.; CAMPELLO, B. S. Aspectos contemporâneos do controle bibliográfico: das abordagens tradicionais às virtuais. In: TOMAÉL, Maria Inês; ALCARÁ, Adriana Rosecler (Orgs.). *Fontes de informação digital*. Londrina: EDUEL, 2016. cap. 7, p. 199-217.

Capítulo 4 – Bibliotecas nacionais
BARO-GUERRA, R. Bibliotecas y redes sociales: enfrentando el desafío. *Ciencias de la Información*, Havana, n. 2, v. 48, p. 3-8, 2017. Dispo-

nível em: <https://www.redalyc.org/articulo.oa?id=181454540002> Acesso em: 19 mar. 2019.

COLINA, G. C. La creación de la biblioteca nacional en el siglo XXI: una polémica desafortunada. *Boletín del Instituto de Investigaciones Bibliográficas*, México, DF, v. 21, n. 2, p. 95-124, 2016. Disponível em: <http://publicaciones.iib.unam.mx/index.php/boletin/article/view/809> Acesso em: 19 mar. 2019.

GRINGS, L.; PACHECO, S. A Biblioteca Nacional e o controle bibliográfico nacional: situação atual e perspectivas futuras. *InCID: Revista de Ciência da Informação e Documentação*, Ribeirão Preto, v. 1 n. 2, n. 2, p. 77-88, 2010. Disponível em: <http://www.revistas.usp.br/incid/article/view/42321> Acesso em: 19 mar. 2019.

JUVÊNCIO, C. H.; RODRIGUES, G. M. A internacionalização da biblioteca nacional: identificação das ações nos relatórios institucionais (1905-1915). *Perspectivas em Ciência da Informação*, Belo Horizonte, v. 18, n. 3, p. 149-159, 2013. Disponível em: <http://portaldeperiodicos.eci.ufmg.br/index.php/pci/article/view/1772> Acesso em: 19 mar. 2019.

MEDEIROS, D.; LUCAS, E. R. O. As bibliotecas nacionais latino americanas e o capital social. *Perspectivas em Ciência da Informação*, Belo Horizonte, v. 21, n. 4, p. 202-224, out./dez. 2016. Disponível em: <http://portaldeperiodicos.eci.ufmg.br/index.php/pci/article/view/2754> Acesso em: 19 mar. 2019.

MIRANDA, A. L. C. Biblioteca Nacional de Brasília: do pesadelo ao sonho. *Revista Ibero-Americana de Ciência da Informação*, Brasília, v. 1, n. 2, p. 219-221, 2008. Disponível em: <http://periodicos.unb.br/index.php/RICI/article/view/1254> Acesso em: 19 mar. 2019.

OCAMPO, S. B. La biblioteca nacional y la bibliotecología en México. *Boletín del Instituto de Investigaciones Bibliográficas*, México, DF, v. 13, n. 1, p. 321-350, 2008. Disponível em: <http://publicaciones.iib.unam.mx/publicaciones/index.php/boletin/article/view/85> Acesso em: 19 mar. 2019.

RODRIGUES, M. Memória, patrimônio, bibliotecas nacionais e a construção da identidade coletiva. *Em Questão*, Porto Alegre, v. 21, n. 2, p. 243-262, mai/dez. 2015. Disponível em: <https://seer.ufrgs.br/EmQuestao/article/view/54754> Acesso em: 19 mar. 2019.

Capítulo 5 – Depósito legal

CADAVID GÓMEZ, B. El depósito legal en Colombia en el ámbito del control bibliográfico nacional. *Revista Interamericana de Bibliotecología*, Medellín, n. 1, v. 38, p. 81-90, 2015. Disponível em: <http://eprints.rclis.org/24730/> Acesso em: 19 mar. 2019.

MIRANDA, A. L. C. Depósito legal na encruzilhada da hipermodernidade. *PontodeAcesso*, Salvador, v.11, n.1, p. 95-106, abr. 2017. Disponível em: <https://portalseer.ufba.br/index.php/revistaici/article/view/23245> Acesso em: 19 mar. 2019.

RODRIGUES, M. Análise da lei de depósito legal brasileira sob a ótica de Larivière. *BIBLOS - Revista do Instituto de Ciências Humanas e da Informação*, Rio Grande, v. 31, n. 1, p. 163-183, 2017. Disponível em: <https://periodicos.furg.br/biblos/article/view/6992> Acesso em: 19 mar. 2019.

Capítulo 6 – Bibliografia nacional

JUVÊNCIO, C. H.; RODRIGUES, G. M. A bibliografia nacional brasileira: histórico, reflexões e inflexões. *InCID: Revista de Ciência da Informação e Documentação*, Ribeirão Preto, v. 7, p. 165-182, 2016. Disponível em: <http://www.revistas.usp.br/incid/article/view/118769> Acesso em: 19 mar. 2019.

_____. A bibliografia no Brasil segundo os preceitos otletianos: a liderança da Biblioteca Nacional e outras ações. *Informação & Informação*, Londrina, v. 20, n. 2, p. 184-204, 2015. Disponível em: <http://www.uel.br/revistas/uel/index.php/informacao/article/view/23130> Acesso em: 19 mar. 2019.

SOUZA, W. E. R. O catálogo editorial e a bibliografia como fontes de pesquisa: avanços e desafios na era digital. *InCID: Revista de Ciência da Informação e Documentação*, Ribeirão Preto, v. 7, p. 202-223, 2016. Disponível em: <http://www.revistas.usp.br/incid/article/view/111431> Acesso em: 19 mar. 2019.

Capítulo 7 – Padronização da descrição bibliográfica

HILARIO, A. B. R.; GUERREIRO, J. ISBD e metadados: caminhos paralelos para um mesmo destino. *Páginas A&B, Arquivos e Bibliotecas*,

Porto, n. 10, 2ª série, p. 139-149, 2012. Disponível em: <http://ojs.letras.up.pt/index.php/paginasaeb/article/view/587> Acesso em: 19 mar. 2019.

SERRA, L. G. et al. Os princípios da descrição e os formatos MARC 21 e ONIX. *Ciência da Informação*, Brasília, v. 46, n. 2, p. 51-66, 2017. Disponível em: <http://revista.ibict.br/ciinf/article/view/2327> Acesso em: 19 mar. 2019.

SILVA, E. B. O. et al. Conceituação e aplicação do novo padrão para descrição bibliográfica Resource Description and Access (RDA). *CRB8 Digital*, São Paulo, v. 5, n. 1, p. 113-123, 2012. Disponível em: <http://www.periodicos.ufpb.br/ojs2/index.php/pbcib/article/view/15529> Acesso em: 19 mar. 2019.

Capítulo 8 – Catalogação cooperativa, catalogação na fonte e catalogação na publicação

MOREIRA, W.; RIBEIRO, T. Introdução ao uso dos protocolos SRU/SRW: ferramentas para a catalogação cooperativa. *Perspectivas em Ciência da Informação*, Belo Horizonte, v. 13, n. 3, p. 167-182, 2008. Disponível em: <http://portaldeperiodicos.eci.ufmg.br/index.php/pci/article/view/156> Acesso em: 19 mar. 2019.

Capítulo 9 – Sistemas de identificação numérica de documentos

ALVARES, L. M. A. R.; BUENO, J.; CORNIC, N. History and experience of ISSN national centers in Latin America. *Ciência da Informação*, Brasília, v. 44, n. 1, p. 131-143, 2015. Disponível em: <http://revista.ibict.br/ciinf/article/view/1437/1615> Acesso em: 19 mar. 2019.

DAMASIO, E. Crossref, DOI (Digital Object Identifier) and services: a comparative study Brazil/Portugal. *InCID: Revista de Ciência da Informação e Documentação*, Ribeirão Preto, v. 4 n. 2, n. 2, p. 126-142, 2013. Disponível em: <http://www.revistas.usp.br/incid/article/view/69305> Acesso em: 19 mar. 2019.

FERREIRA, E.; FÜHR, F.; LIMA, K. C. R.; ARAÚJO, P. C.; PEREIRA, S. Z. Digital object identifier (DOI): o que é, para que serve, como se usa? *Ato Z: Novas Práticas em Informação e Conhecimento*,

Curitiba, v. 4, n. 1, p. 5-9, 2015. Disponível em: <https://revistas.ufpr.br/atoz/article/view/42369/26039> Acesso em: 19 mar. 2019.

ORTEGA-CERRAZ, L. I.; COLLADO, A. S. El ISBN en Cuba e Hispanoamérica: su importancia para las bibliotecas. *Ciencias de la Información*, Havana, v. 40, n. 1, p. 59-69, 2009. Disponível em: <https://biblat.unam.mx/es/revista/ciencias-de-la-informacion/articulo/el-isbn-en-cuba-e-hispanoamerica-su-importancia-para-las-bibliotecas> Acesso em: 19 mar. 2019.

REYNOLDS, R. R. Everything old is new again: ISSN in the digital environment. *Ciência da Informação*, Brasília, v. 44, n. 1, p. 96-111, 2015. Disponível em: <http://revista.ibict.br/ciinf/article/view/1435/1613> Acesso em: 19 mar. 2019.

Índice

A

Acesso à informação 13-15
Agência Bibliográfica Nacional 32-43
  conceito 43
  funções 32
Anglo American Cataloguing Rules 97-98

B

Bibliodata ver Rede Bibliodata
Bibliografias
  comerciais 78-79
  nacionais 69-80
    definição 69-71
    formato 76
    funções 71-72
    material a ser incluído 74-75
    no Brasil 80-81
    registros catalográficos 76-77
    terceirização 80
Bibliografias universais 28
Biblioteca de Alexandria 16
Bibliotecas nacionais 41-42
  estrutura 42-43
  evolução 47-48
  funções 49
  no Brasil 43-46
  origem 41

C

Catalogação cooperativa 101
  no Brasil 103
Catalogação na fonte 109-110
Catalogação na publicação 104
  no Brasil 107
Código da Vaticana 97-98
Conferência Internacional sobre Princípios de Catalogação 89
Controle Bibliográfico Universal 27-36
  conceito 27-28

evolução 29-30
origem 17, 31-32
Conversão retrospectiva 16

D
Depósito legal 55-67
  biblioteca depositária 57
  definição 55
  depositantes 64
  história 55-56
  legislação 56-58
  material a ser depositado 59-60
  métodos de controle 64
  no Brasil 65-66
  número de exemplares a ser depositado 63
  objetivos 58
  prazo para depósito 64
  princípios 55
Descrição bibliográfica ver Padronização da descrição bibliográfica
Digital Object Identifier 129
  estrutura do número 130
  origem 129
Digitalização de livros 136
The Universal Library 36-37
Dublin Core 93

F
Federação Internacional de Informação e Documentação 29-31

Functional Requirements for Bibliographic Records 34

I
IFLA-CDNL Alliance for Bibliographic Standards 33
Instituto Internacional de Bibliografia 29
International Standard Audiovisual Number 127
  estrutura do número 127-128
  funções 128
  origem 127
International Standard Bibliographic Description 34, 91
International Standard Book Number 114-119
  agência brasileira 115
  agência internacional 114
  estrutura do número 115-116
  localização do número 116-117
  no Brasil 118
  origem 114
International Standard Music Number 124-126
  agência brasileira 125
  agência internacional 125
  estrutura do número 126
International Standard Serial Number 119
  agência brasileira 119
  agência internacional 120

estrutura do número 122
localização do número 122
no Brasil 123
origem 119

M
MARC 89

N
NATIS 31

P
Periódico científico 30
   origem 30
Pinakes 16
Padronização da descrição bibliográfica 87-98
Preservação do patrimônio documental 21-25
   programas 30-31
   razões para preservar 22
Programa Geral de Informação 31

R
Rede Bibliodata 84
Reunião Internacional de Especialistas em Catalogação 17, 90

S
Serviço de Intercâmbio de Catalogação 97-103
Sistemas de identificação numérica de documentos 113-130
   DOI 129-130
   ISAN 127-128
   ISBN 114-124
   ISMN 124-126
   ISSN 122
   origem 113

U
UNISIST 31
Universal Bibliographic Control and International MARC 17

Sobre a autora

BERNADETE CAMPELLO É professora titular aposentada na Escola de Ciência da Informação da Universidade Federal de Minas Gerais (UFMG). É doutora em Ciência da Informação e mestre em Biblioteconomia pela UFMG. Seus interesses de pesquisa são: biblioteca escolar, competência informacional e formação de bibliotecários. É autora dos livros *Fontes de informação para pesquisadores e profissionais*, *Introdução às fontes de informação*, *Biblioteca escolar: conhecimentos que sustentam a prática*; *Letramento informacional: função educativa do bibliotecário na escola* e *Biblioteca escolar: temas para uma prática pedagógica*, entre outros. Coordenou a tradução e adaptação para o português dos livros de Carol Kuhlthau: *Como usar a biblioteca na escola: um programa de atividades para o ensino fundamental* e *Como orientar a pesquisa escolar: estratégias para o processo de aprendizagem*.

E-mail: bscampello@gmail.com

Este livro foi composto com tipografia Adobe Garamond Pro
e impresso em papel off white 80 g/m².